JN438326

만인의총 앞에서

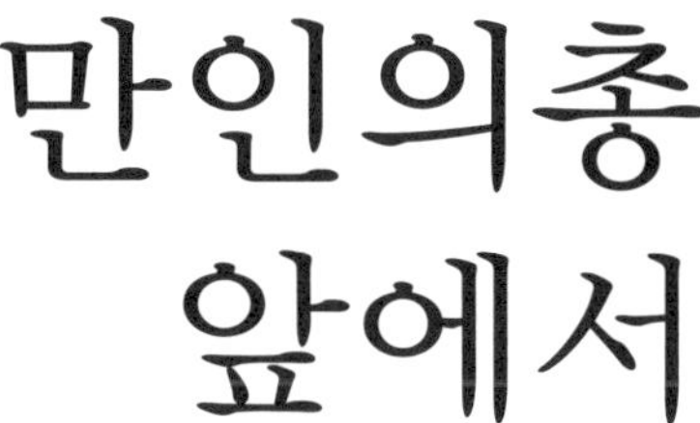

만인의총 앞에서

강춘기 제3시집

도서출판 천우

시인의 말

시인들은 언어를 가지고 시라는 집을 짓는 사람이라고 한다. 나는 언어로 집을 짓는 것이 갈수록 어렵기만 하다. 살아오는 동안 잃어버렸던 것을 찾아가는 도상이 고난이어도 삶의 참다운 의미가 정신이기에 그것이 꿈으로, 꽃으로 피어나기를 염원해 본다.

나의 제3시집은 역사기행에 주안점을 두었다. 아픔 없이 성장한 것은 없고 모두 자신의 실패에서 터득하고 세우는 것이 문화이고 역사이기 때문이다.

하늘에 이르도록 소년처럼 꿈을 꾸며 가장 귀하고 사랑하는 보화를 만나기 위해 꽃이 피어나듯 오늘도 웃으며 인생 나그넷길 걸어가련다.

2017년(丁酉年) 3월 25일

빛고을 운암골에서

강춘기

제1부

백로 한 마리

● 시인의 말

제2부

여수 진남관(鎭南館)

제3부

곡우에 내리는 비

제4부

꽃씨를 보내며

제5부

삼[大麻]을 사랑하는 동찬 양반 내외

제1부

백로 한 마리

백로 한 마리

삼복더위에 어디로 가다가
저수지 어귀의 썩은 말뚝에
쉬고 있는 백로 한 마리
청산이 품어주는 저수지가 좋아
물도 청산도 서로 돕는
무릉도원이 사뭇 그리워 찾고 있는가
살아온 날들의 짐이 무거워
한순간만이라도 무념(無念)이고 싶어
백로는 그렇게 머물고 있나 보다

여름밤에

매미가 사랑의 노래로 한창일 때
나는 방충망을 점검할 때다
남창에 전갈좌의 안타레스*가 끼어
조각달을 유혹할 때
에어컨 없는 우리 집 거실에서는
부채로 더위를 물리치며
내자와 수박 조각 나누는 오붓한 시간도 있느니
영혼은 미리내를 건너고
살아온 날들은 책장처럼 넘어가는데
한밤을 그리움으로 한 땀 한 땀 수를 놓는다

* 안타레스(Antares) : 여름철 우리나라에서 정남방에 보이는 전갈좌 중 가장 크고 붉게 보이는 별.

완두콩밭에 김을 매며

바람이 불어도 어떠랴
햇살은 산자락 밭에 가득한데
저것 봐, 산에는 진달래꽃 불붙고
김매는 내 손이 왜 이리 무딘가
직박구리 숲 사이로 짝 찾아 날고
멀리서 장끼소리 들려오니
팔십 넘은 내 가슴이 왜 이러나
내 눈은 푸른 하늘로만 날고 있으니
그곳엔 고운 님 계시오리니
사랑이라 부르지 않아도 사랑인 것을

내가 살아온 3만일

넘어지고 쓰러져도
한뉘를 살아간다는 것은
사랑하지 않고는 건너지 못하는 아득한 길
우주는 가득 찬 것뿐인데
봄 속에 가을을 보려는 눈은
흐르는 강물 위의 물비늘처럼
가슴을 저미는 아픔이나
가슴을 뭉클케 하는 희열도
땅에서 하늘에 이르기까지
세월을 숨차게 걸어오면서
울어 새는 밤도 많았지요

생광스럽지 않은 삶의 존재이어도
감추려 해도 숨기지 못하는 것은
얼굴에 피어나는 웃음꽃보다
영혼 가득히 훈훈한 웃음꽃인 것을
깊은 샘물처럼 맑디맑게 욕심 버리고
길 안내자의 소리 들으며 내 삶의 하늘 우러러
홀로 지고 있는 것이 사랑의 빚인데
사공은 항구로 돌아오고 있는데
오늘은 이렇게 끙끙 앓고 눕게 되니

죽음이 멀지 않은 곳에 있음을 보는 눈 열렸는데
오늘도 해는 서산을 넘고 있죠

* 1932년 12월 21일 ~ 2015년 2월 8일까지 내가 세상에 태어난 지 3만 일이 된다. 29999일째의 날부터 스무 날 동안 심히 앓았다. 1만일은 27년 4개월 18일째의 날.

자가품

삶의 장중한 길 위에
당신의 노고는 너무 컸었소

자식들 삼남매 키우느라
좁은 생각의 집 짓지 않도록
내일의 집을 짓는 아이들에게
온 정성 다하여 바쳐온 사랑
그것은 크나큰 희생이었소

가난한 나를 만나
어려운 살림 꾸려나가느라
희생해서 남는 것 먹고
내일에 피어날 꽃봉오리를 보듯
당신의 피를 쏟는 아픈 헌신은
영혼의 노래였소

굴곡 많던 인생길 위에
뿌려진 굵고 작은 파편들이 쌓여
걸음을 제대로 못 걷는 당신을 보면
당신을 고생시킨 내 죄는 죽순처럼 자라 미안함 더하고
고역이 준 얄미운 자가품이란 훈장을 안겨주었구려

이제는 수술을 해도 효험이 없다는 늙어버린 삭신
남은 여생 건강 지키며 살아가자는
사랑 담은 염원을 드릴 뿐이오

가족

아내를 빛내주는 벗바리인 남편은
집을 짓고 세파를 헤쳐 가는 항해사
보약 같은 존재인 아내
자식에게 빛나는 후광
자식은 세상을 빛낼 불을 품고
내일을 지켜갈 씨앗으로 태어났지요
남편 아내 자식의 삶 속에 가장 범상한 것들이 있어
하늘과 땅과 사람이
한통속이 된 사랑의 꽃밭인데
남은 세월
귀와 눈을 닫지 않고
기쁨과 괴로움도 나누며
지혜로 세파를 헤쳐 갈 길동무이지요

나의 길

세상에는 길이 많지요
내가 가는 길은
길과 내가 분리될 수 없는
내 마음속의 길이랍니다
내 영혼이 영롱할 때
나의 길은 더욱 빛을 냅니다
나를 아는 것
여든 넘은 내 육신을 버겁게 이끌고
오늘도 쉬지 않고 걸어가는 나는
내 껍데기를 남김없이 벗고 나와
설산의 정상을 정복하는 것보다 더 고단한
한량없는 길을 나와 싸우며 나갈 때
인생의 책임을 수없이 물으며
명예욕도 물욕도 삼독의 탐심도 모두 내려놓은 채
내가 흔들리지 않고 올곧게 제정신으로 살 때
궁신지화(窮神知化)로 돌아갈 때
나의 삶의 끝 언저리 어느 곳에
그 희열의 꽃동산은 나를 맞으리니
그것은 나에게 감사와 축복 가득할 길이랍니다

그리운 사람들

겨울바람이 가슴 가득 파고들 때
그리운 사람들 만나려
정남진으로 갔네

사랑하지 않고는 견딜 수 없는 그리운 사람들과
계절이 외출 나간 LPG 가스 화롯가에
굴 철판구이 점심을 곁들이며
우정은 씨줄과 날줄로 베를 짜는데
도란도란 얘기하며 소주잔 부딪칠 때
춤을 추는 이야기는 우정의 큰 숲을 이루고

그리운 사람들의 얼굴 속엔
세상의 질투와 시기와 분쟁은 자리하지 못하느니
우정의 긴 두루마기 끝자락 아래서 움트는 새싹처럼
탐심 없는 사람들의 행복한 웃음 위에
너에게도 나에게도 살아 있는 그리운 발자국들
낯익은 사람들의 체온의 항상성(恒常性)엔 변함이 없네

한정된 시간 속에 한정된 만남이어도
길면서도 짧고, 짧으면서도 더 아쉬운
이 시간들이 몇 광년 뒤에 어느 별에서 멈추려나
흐르는 시간 속에 소주잔은 또 입을 맞추고

강산은 몇 번 변하였어도 사랑은 띠앗처럼 끈끈하였느니
꿈속에서 잃었던 길 찾은 듯 가슴엔 희열로 가득 차네

아픔과 고요

그것은 불가마에서 나온 질그릇이거나
여인의 해산의 진통 뒤의 고요이다
흙을 빚는 도공이 혼을 집어넣는 긴 침묵—
달빛 아래 박꽃 찾은 박각시의 입맞춤도 영원으로 흐르고
여름 밤바다 야광충들의 현란한 빛의 축제도 아픔인데
나를 찾아가는 길은 너무나 깊은 아픔의 고요이다

님에게 바쳐질 열매

님에게 바치는 열매이고 싶습니다. 꽃으로만 피는 것이 아니라 열매로 자라고 해님의 얼굴같이 불이 되어 세상을 따뜻하게 녹이는 생명의 열매이고 싶기에 기다림의 아픔을 주십시오. 생명의 씨앗을 얻어 이웃에게 나누어 주는 열매, 열매는 죽어서도 살아나는 님의 사랑이 간직되어 있습니다. 그 지극한 님의 사랑 앞에 영혼의 소리를 듣는 귀를 열고 있습니다. 꽃을 초월하는 열매, 열매를 초월하는 씨앗은 지식이나 도덕의 범주도 아니며 무한한 우주의 질서입니다. 햇빛과 구름과 바람을 닮으려 천둥 번개에 터지고 칼바람과 비바람에 할퀴고 가시에 찔리면서도 탯줄처럼 질긴 생명력으로 이겨내며 내가 간직한 행복의 즙을 짜서 열매를 가꾸려는 생의 약동의 기쁨의 아픔을 이기게 하소서. 도사리가 되지 않으려 부단히 꿈틀거리는 초라한 내 자신 욕되지 않으려 땀 흘려 일함은 사랑과 자비가 무한하신 님 앞에 항상 가까이 있게 해 주십시오. 십일월의 마지막 노을 속에 님에게 바쳐질 유자 향기보다 더 달보드레한 향기 가득한 농익은 열매이고 싶습니다.

인연

— 박춘재(朴春在) 군을 생각하며

우리가 처음 만났던 날
너는 환한 웃음으로
낯설지 않았었다

열세 살의 어린 나이에
한국전쟁 때 남으로 내려오는 피란 행렬에서
부모와 형제와 헤어진 외톨이가 되어
험난한 세상에 너는 홀로 서 있었구나

세상의 무거운 번뇌도
너는 잊고 있는 듯
너는 중학생 나는 고등학생
그렇게 만난 인연은
굴곡 많았던 너와 나의 삶을
호수에 비치는 달빛처럼
너 있는 곳에 내가 따라갈 수 없고
나 있는 곳에 너도 따라올 수 없는
가난은 우리를 넉넉하게 품지 못하였구나

백 년 우정도 하루아침에 파멸되는 세상인데
혈육을 나눈 형제의 띠앗처럼
질긴 인연은 마음 밭에 살아 있는데

내가 이순이 지나서야 찾으려 해도
너는 어디에 현존하고 있는가 알 길 없고
엊그제 밤 꿈에 네가 보였는데
외로움을 삼키며 살고 있다면
질긴 인연으로 천만 리를 달리도록 이어나 보자

손자와 할리갈리 게임을 하며

작은아들 집에 갔을 때
정 많은 일곱 살배기 유치원 다니는 손자가
할리갈리(Halli Galli) 게임을 하자고 한다
세대가 다르니 손자가 하는 놀이
할아비는 아는 게 없다

배우며 하자
화투나 카드놀이와 비슷한데
순발력과 통찰력과 색상 구분을 빨리하는 게임
게임은 손자에게 할아비는 지기만 했네

아가야
자연은 너에게 좋은 스승
카드 속의 아기 코끼리와 아기 원숭이와 아기 멧돼지가
머물지 못하는 나비를 쫓는 것은
배가 고픈가 보다
밭에는 딸기와 포도가 풍성하고
바나나는 탐스럽게 익어간다
따다가 주어라

어디로 가려느냐
길이란 영원이 오고 가는 것

그 길 잘못 들면 무진 고생을 하지
『탈무드』에 “기도할 땐 짧게 배울 땐 길게”라는
말이 있단다
하늘과 땅과 사람 섬기는 마음
생명을 사랑하는 믿음으로
남을 배려하고 도닥이고 베푸는 마음

너의 것일 때
겨레가 살아온 유구한 역사가
너에게 허락된 시간을 넘어
아직 네가 어려 다 열리지 않은 지혜와 힘도
열리고 자라리라

네 마음에 곱고도 시원하게 뻥 뚫린 길
태어나기 전부터 네 몫으로 주어진
너만이 갈 수 있는 길을
아름답고 씩씩하게 헤매지 말고 걸어가렴
카드 속의 짐승들이 힘차게 달리듯
너도 그렇게 지혜롭게 가기를 할아비는 빌며 바란다

손톱과 발톱

네가 모태에서 지구 위로 보내진 후에도
너는 손끝과 발끝 한 부분을 지키고 있느니
몸으로 들고 나는 신성한 지성소인 듯
피부이면서도 딱딱한 각질이어도 다소곳이
갑옷인 듯 육신을 보호하고 있구나

네가 있으니 효자손도 필요없고
네가 없었다면 육신의 어느 곳에 박힌
가시를 뽑을 수 있었으랴
귓구멍에도 콧구멍에도
요청이 있으면 출동하는 119 구조대도 되고
네가 아니었다면 나는 날마다 피를 흘리리니
세태의 어지러운 꼴에 울화가 날 때 너를 믿고
길 가다가 죄 없는 돌멩이라도 차면
나는 울분이라도 푼 듯 아픔을 참을 수 있구나

연로하여 더 굳어진 어머니의 손발톱을
족집게로 깎아 드릴 때
거부하는 몸짓도 없이
피도 흘리지 않고
고통도 느끼지 않는 늠름함이
내 지체의 일부를 잘라내는 무례를 범할 때

옛이야기처럼 어머니의 체취를 느낄 수 있고
무르지도 않고 약하지 않아도
공로만을 내세우는 졸부들을 조롱하고 있는 당당한 너

가고 또 가는 소리

— 어느 상가에 다녀오면서

무념인 듯
머릿속은 비어 있는데
방 가득 채워 준
달빛 타고
꿈속에 본 고운 님 내려오고
물안개 사르르
피어오를 때
꿈에 본 님 부음 소식
아픔 이기고 땅심 뚫고 나오는
죽순의 생의 희열도 잠시
죽음이 데려갈지라도
인생의 삶이란
날줄과 씨줄이 가로세로 달리듯
얽히고설켜 고뇌의 폭우가 쏟아져 내려도
생명은 스스로 생성되고 변화되며 돌아간 것
시간의 장벽이 무너지는 돌아갈 길에는
생의 비굴함도 낮은 자리도 없이
헛되이 갈구하던 것들과 이룩했던 것들 모두를
송두리째 버리고 돌아가고 또 돌아가는 소리
눈에 보이지 않는 영원으로 흐르는
고난과 싸워 온 장중한 아픈 삶의 흔적이

빛살처럼 흐르는 것 뒤에서 쉬어 있을
모든 태어난 것은 죽음에 이르고 또 태어나는 것을…

홍시

산엔 단풍이 불붙고
한여름 뙤약볕을 이겨낸 감은
저무는 가을날에 몸짓을 영글게 닦으며
아주 빨갛게 해님 얼굴 닮으려는 의지로
고향집 지붕 너머 어치와 입맞춤 할 때

내 예속의 그리움을 풀어주기도 하는
환희의 술잔처럼 번득이는 붉고 다스한 열매가
늦가을의 한가지 예복으로 갈아입고
나를 고향으로 이끌어 주는 아름다운 문
고향의 아름다움을 나에게 선물을 주노니

나의 소년 시절엔 겨울이면
아랫목 이불 속에 놋그릇 보시기에 담아두었던
어머니가 내어주시던 홍시는
세월을 헤집고 살아온 날들을 넘어
나를 쓰다듬어 주시던 어머니의 체취가 묻어나지요

제2부

여수 진남관(鎭南館)

식영정(息影亭)*에서

그림자도 쉬어간다**는 식영정은
무등뫼가 가까이 다가오면
광주호에 얼굴을 씻고
옛 어른들의 거문고 해금(奚琴) 북장단에
흥취 되어 시조 읊는 소리
버들잎에 시조 한 수 적어 띄워놓으면
푸른 하늘 흰 구름 내려와 웃고
모든 것 자연과 하나가 되어
너도 나도 없는 허허로움이
솔바람에 나무들의 시조 읊는 소리만 하늘에 닿네

* 식영정(息影亭) : 전남 담양군 남면 지곡리 소재. 전라남도 기념물 제1호. 1560년 서하(棲霞) 김성원(金成遠)이 장인이자 스승인 석천(石川) 임억령(林億齡)을 위하여 지은 정자. 후일 김성원, 정철, 고경명 등 많은 문사들이 찾던 곳이기도 하다.

** 그림자도 쉬어간다 : 식영(息影)이란 말은 『장자(莊子)』 「잡편」에 '그림자도 쉬어간다'는 데서 따왔다고 함.

여수 진남관(鎭南館)*

남쪽 바다에서 오는 도적들을
무찌르고 지킬 국태민안(國泰民安)의 꿈이 서린
겨레의 아픔과 기쁨을 같이 해 온
기쁜 소리로 외쳐야 할 그 이름
존재 자체만으로도 크나큰 위안이 되는
전라 좌수영에 속한 객관(客館)이었네

혹 거기 들렀던 외국사신들 중엔 세작(細作)은 없었던가
거기 들렀던 관리들이 천 길 물 품어올리는 남쪽 바다를 보며
궐패(闕牌) 모신 앞에서 위국충절의 마음 더 다짐하였던가
모든 것 정복하는 것 사랑인데
사랑의 힘은 계산할 수 없는 것에 도달하는 것
잠시 스치는 순간에도 사랑은 기적을 낳고
말없는 육중한 목조건물의 미덕은 삶의 무게만큼 더해주니

심장이여 춤을 추어라
한순간에 영원을 보는 눈에
사랑이여 훨훨 타거라

씨알들처럼 질긴 생명으로
역사와 함께 증언해 줄 네 위용에
부족한 것도 감탄이 되는
오늘이여 여기서 춤을 추어라

* 진남관(鎭南館) : 국보 제304호. 전남 여수시 군자동 소재. 처음엔 이순신에 의해 세워졌으나 정유재란 때 소실되었다. 이순신의 뒤를 이어 절도사가 된 이시언(李時言)이 이순신의 유덕을 추모하여 정유재란 때 불타버린 진해루 자리에 5년간에 걸쳐 객사를 지은 것이 진남관인데 남쪽을 진무(鎭撫)한다는 뜻이다. 군사용으로 사용되었다는 기록은 별로 없다. 우리나라에서 단일 목조건물로 제일 큰 것은 해인사 장경각이고 두 번째로 큰 것이 진남관이다.

만인의총(萬人義塚)* 앞에서

1597년 8월 16일을
그대들은 알고 있는가
정유재란(丁酉再亂) 때
일본의 우키다 히데이에(宇喜多秀家)의
5만의 정예부대 앞에
남원성(南原城)이 함락되던 날
조명연합군(朝明聯合軍)이란 이름 뿐
명군은 싸워보지도 않고
더러는 좆 빠지게 도망(철수)가 버렸는데
인근에서 모여든 군사들과
성안의 씨알들 군관민이 혼연일체가 되어
3일 동안 항전하다가 중과부족으로
모두 장렬하게 산화한 그날을
땅도 산천도 하늘도 울고
피로 물들인 그날을

누가 죽은 자는 말이 없다 하였는가
여기 만인의총 앞에 서 보라
여기 누운 영령들은 죽어서도 휴식을 돌보지 않고
다시는 겨레의 아픔을 겪지 말라고
영혼은 요동벌판을 달리던 조상들의 길을 달리며
지금도 저 둥그런 무덤 속에서 눈을 부릅뜨고 이를 갈며

일어서라
하나로 되어라
빈탕이어서는 안된다
귀를 열고 하늘 소리 듣고
눈으론 멀리 보고 힘을 기르라
외치고 있는 소리

미풍에 흔들리는 무덤 위의 풀도 울부짖고
너희들은 감당 못했던 조상들의 백골을 딛고라도 일어나
삶이라는 시간 속에 뇌수까지 울리는 크나큰 함성으로
아픔 없이 이룩된 역사는 없느니
그날의 억울함을 깨부수고
겁날 것도 없는 죽음 앞에서
비겁하게 살지 말고 당당하게 살아가라고 외치는 소리

일본 지배가 하나님의 뜻이었고
한국전쟁은 미군 붙잡아 두기 위해서였다고 망발하는 자
단군의 후예인지 의심스럽고

일본의 한국 점령 36년에 미국 책임 없지 않고**
언제까지 이 나라가 사대(事大)의 늪에서 허우적거릴 것인가
코 귀 베이고 팔다리가 잘리고 목이 달아나는 순간까지
조선 사람으로 싸우다 조선을 위해 죽었노라 벽력 같은 소리
골수에 사무쳤던 원한도 아픈 눈물도
너희의 얼굴 보니 녹아내리고
8월의 뜨거웠던 햇살도 사랑이고 싶고
온몸에 흘러내리던 붉은 피도
조선에 한 톨의 거름이 되었노라 외치고 있네

1597년 8월 16일
남원성이 함락되던 날을
그대들은 기억하고 있느냐고
만인의 백골들은 외치고 있는데
하나로 되어야 한다
멀리 보고 힘 기르라는 님들의 외치는 절규를
내 나라는 내가 지키는 것이라고

아직도 다 끝나지 않은 처절한 아픔
영혼을 정화하는 뜨거운 정신을 길러내고
못난 후손 옷깃 여미고 머리 숙이며
정신이 참다운 삶의 의미이기에 시들지 않게
낡은 것 떨쳐버리고 그날의 아픔을 가슴에 심어
함성으로 살아날 날 되게 키우렵니다

* 만인의총(萬人義塚) : 사적 제272호. 전북 남원시 향교동에 위치. 정유재란으로 남원성이 함락되던 날, 조명연합군과 인근에서 모여든 구원군과 성안의 씨알들 1만 여 명이 싸우다가 모두 장렬하게 최후를 맞이했다. 후일 시신들을 수습하여 그날의 8충신을 제향하다가 현 위치로 이장하고, 1971년부터 정화작업을 시작하여 1979년에 완공하였다.
정유재란은 임진난 이후 조선이 주도적으로 강화협상을 진행한 것이 아니다. 명나라와 왜국(일본)이 조선을 따돌리고 협상하는 과정에서 왜군은 철수하는 조건으로 조선의 남부 3도(경상, 전라, 충청)를 요구했다. 도저히 조선이나 명나라가 받아들일 수 없는 조건이기 때문에 지리멸렬(支離滅裂)하게 끌게 된 일시 소강 상태였으나 협상이 원만하게 이루어지지 않게 되자 명나라 쪽에서는 선 철군을 요구하였고, 왜국 쪽에서는 조선의 남부 3도를 먼저 할해해 달라고 하였다. 받아들이지 않자 왜군이 재차 군사를 동원하여 재침(丁酉再亂)을 한 것이다.

** 미국의 루스벨트 대통령의 특사인 육군장관 태프트(W.H. Taft, 857~1930)와 일본의 총리 가쓰라 다로(桂太郎, 1848~1913)가 1905년 7월 29일에 미국이 필리핀을, 일본이 한국을 식민지로 삼아도 상호 간섭 않기로 한 비밀협약을 말한다.

해인사 대장경각

육중한 목조건물엔
고려 사람들의 중력이
넘쳐나고 있다

아무리 원(元)나라의
기마병들이 짓밟으려 해도
우주만큼 넓은 고려 사람들의
간절한 마음 밭을
감히 짓밟지는 못하였으리

북풍이 몰아치는 궁핍한 세대에
근원에로 향한 간절한
정성 하나로
존재하는 것과 존재할 것의 염원으로
팔만대장경을 새긴
정토(淨土)를 구하려는 말씀들

거짓도 죄도 욕망의 불도 꺼져버린
적멸(寂滅)
높은 자나 낮은 자나
하나가 되어 거기
더러운 것도

번뇌도 물리치고
나라를 지키고 구하려는 놀라운 역사를
시공을 넘어 목마름을 뚫고 품고 있다

미륵사 서탑을 보러 갔는데

백제 중흥의 꿈을 실으려 했을
미륵사 서탑(西塔)을 보러갔는데
거대한 가람도 석탑도
숱한 세월의 풍상이 삼켜 버렸던가
백골(白骨) 위에 스치는 수천의 회한들 위에
서 있는 것은
근년에 세워진 동탑뿐이었네

새끼들은 떠나도 둥지는 남아 있는데
어느 미로에라도 빠져 헤어 나오지 못하는가
태평시대에 있던
그 모습 바라볼 수 있었다면
내 안에 살아 있던 서탑이
사랑이라도 찾아 갔다면
내 가슴 이렇게 울지 안 했으리
뛰는 가슴으로
너와 손잡고 저 넓은 들판으로 달려가며
더덩실 춤이라도 추었으리
백제인의 예지와 도량과 예술 솜씨에
입이라도 맞추었으리

지구는 팽이 돌듯 돌고 있어도

세월 거스르며 여기
지키고 있던 반쪽만 남아 있던 서탑도
동물을 해부하듯 해체되어
수천의 화강암 조각들이 서럽도록
봄날 햇볕 속에
백제 사람들의 꿈을 품은 채
누워 있는데
제발 마지막 남은 실핏줄이라도 살려
장중했던 그 길로 걸어 나오렴

서탑이여
바람에 휘날리는 꽃잎 하나가
꿈 품은 화강암 조각 위로
내려앉는데
침묵을 깨고 걸어 나와 우뚝 서렴

*반쪽밖에 남아 있지 않은 서탑을 복원하기 위해 해체한 지 거의 10년이 되었어도 복원은 되지 않고 수천의 화강암 조각들이 노천에서 복원을 기다리고 있는 것이 애처로워 쓴 것이다. 내가 다녀온 5개월 뒤인 2015년 9월에 UNESCO에 백제문화권유산으로 등재되었는데 1971년에 발견된 충남 공주시 금정동에 있는 무령왕릉을 비롯, 부여의 백제문화 유산과 익산의 미륵사지도 포함되어 있다.

여수 경도에서 출토된 빗살무늬토기 파편

여수 경도 조개무지에서
신석기 시대에 찬연했던
빗살무늬토기 파편이 출토된 것은
삶이란 이런 것이라는
지혜로 750도의 불을 이겨낸 토기에
굴곡 많은 삶의 아픔도 담았겠지요

수많은 빗살무늬들은
님들이 어느 별에서 받은 암호인지
님들이 걸어오신 도상에 폭풍우와도 싸웠음인지
님들이 바다에서 싸워온 일이 그렇게 파란 많았음인지
간절한 염원 담아 앞날을 굳건하게 살리라는 다짐인지
수많은 물음을 담고 있지요

산도 바다도 모두 님들께 열려 있는데
무엇 하나 함부로 낭비하지 않는 검약 정신이
삶의 고뇌를 담아내고 싶어
빗살무늬는 님들의 장중한 꿈속의 우주였는지
내륙에선 밑이 뾰쪽한 것 만들었지만
밑이 편평한 것 만든 것은
정착민의 안정감을 자랑했겠지요

바다에서 돌아올 때
어패류가 퍼덕이던 파도소리도
하늘 가득 비오는 날 펼쳐지는 빛살처럼
공동체와 처자식 먹여 살릴 어진 마음에
토기 안에 일용할 양식으로 가득 채울 꿈으로
노래도 흥겨웠으리라 여겨지네요

삼전도비* 앞에서

한국 땅의 자궁에서 태어나
한국 역사의 젖을 먹고 자란
단군의 후예들이여!
1637년 1월 30일(음력)
조선 인조 임금이 삼전도(三田渡)에서
청나라 태종(홍타이지)에게
세 번 절하고 아홉 번 머리를 땅에 대며(三拜九倒) 항복하던 날
숭명배금(崇明排金)을 신줏단지처럼 모시던 생각이 박살나던 날을
피바람을 몰고 올 시대의 격랑소리 듣지 못하고
나도 모르고 적도 모른 몽매함이
수많은 씨알들이 끌려가 선양에서 노예로 팔려가야 하는 아픔을
마른 억새도 바람에 북녘 향해 써걱써걱 흐느끼는데

삼전도비 앞을 지나는 길손들아
침을 뱉어 주고 싶지 않던가
오줌이라도 갈기고 싶지 않던가
똥이라도 싸서 우리를 부끄럽게 하는
수많은 글자들을 메우고 싶지 않던가

하늘도 안타까워 얼굴 흐리고
이긴 자들은 조선을 더욱 옥죄였고
속량(贖良) 받을 돈이 없는 가난한 씨알들
씨알들의 영혼마저 부숴버린 조선의 지도자들
하늘이 무너져도 솟아날 구멍 있으려나
조선 사람들이 모르는 어느 땅에서
노예로 팔려가 질곡의 삶을 살다가
죽어도 조선의 혼만은 간직하리니

삼전도비와 관련된 호란 끝난 지 수백 년이 지났어도
아직도 큰 나라의 입김은 끝난 것 아닌데
내일을 위한 대비는 철통 같은가
겨레는 평화롭게 언제 하나 되려는지
꽃 피는 봄소식처럼 겨레에게 훈훈함만 있었으면

치욕스럽기만 한 살아 있는 자의 몫은
정금같이 다듬어 만들어 내어야 할
씨알들의 삶과 죽음을 초월하는 영원한 겨레의 핏줄
영광 드러낼 우주에로 흐르는 지혜로
무력으로 영토를 탐하는 욕망을 삭혀버리는 힘이어라

* 삼전도비 : 사적 제101호. 서울 송파구 석촌동 289-3번지에 소재. 정식 명칭은 대청황제공덕비(大淸皇帝功德碑)이다. 1636년 12월에 후금(후일 청나라)의 홍타이지(청 태종)가 지난 1627년(인조 5년)에 정묘호란(丁卯胡亂)시 후금과 맺은 약조를 조선이 제대로 이행하지 않는다는 이유로 직접 팔기군을 이끌고 조선을 침공했다. 이를 병자호란이라 하는데 두 달 만에 전투 한 번 제대로 해보지 못하고 조선이 항복한 후 1639년에 세워진 비이다.

비의 뒷면에는 한문, 비의 오른쪽 표면에는 몽골어, 표면 왼쪽에는 만주어로 새겨져 있다. 병자호란에 관한 작자 미상의 한글로 상세히 기록된 『산성일기』라는 책이 있는데 이 책을 2010년에 한상남 교수가 청소년도 읽을 수 있게(어린이 작가정신 刊) 펴내었다. 호란 당시 잡혀가 선양에서 노예로 팔려간 조선의 씨알들은 66만 여 명이었다고 기록되어 있다. 몽골 등지에 남겨진 숫자는 여기에 포함되지 않았으니 그 수가 모두 얼마인지는 기록되어 있지 않다. 항복 후 해마다 바쳐야 할 공물들이 너무 많아 기록을 세세히 남겼는데, 공물 때문에 나라가 거덜 나게 되어 경제가 매우 어렵게 되었다.

내산서원(內山書院)*에서

님은 정유재란(丁酉再亂) 때
남원성(南原城)에서
조명(朝明)연합군의 장수와 병사들도
지도자와 씨알들 모두 만인(萬人)이
왜놈들과 장렬하게 싸우다가 힘이 다하여
성과 강과 산천과 하늘이 울고 피로 물들일 때
군량 운반의 임무를 수행하다가
사지에서 가까스로 영광으로 내려와
의병을 일으켜 분전하였어도
끝내는 왜놈들의 포로가 되셨다지요

극한 상황에서도
높은 기개 잃지 않고 일본 식자(識者)들에게
님이 속알로 간직한 학문을 베풀어
유교[性理學]의 깊은 뜻 전하여 주니
전쟁은 무기로만 승리하는 것이 아니라
진리로 학문으로 덕으로 승리한다는 것을
포로에게 머리 숙인 저들 앞에
님은 깊은 진리로 칼을 이기셨다지요

2년 7개월의 고난 끝에 고국에 돌아왔을 때
관직을 제수(除授) 받았으나

들어섬과 물러섬을 알고 있기에
"죄인이 어찌 벼슬아치가 되겠습니까" 하고
오늘날의 분수도 모르는 파렴치한 소인배들과 사뭇 다르게
칼로 무 베듯 거절을 하며
하늘 소리 좇아 살기를 하셨다지요

할 일을 하는 사람에게는
바르게 사는 것이 구린내 나는 벼슬자리보다
영광의 두루마기인 것을
세상 살리는 것은 천명(天命)을 좇는 길이기에
순간을 살아도 먼먼 길을 보며
오늘 속에 내일을 품어내는 심지를 보고 길러 내려
사랑으로 상처뿐인 씨알들과 같이하며
후학들을 기르는데 생을 바치셨다지요

씨알들 모두 평등하게 태어났음 어루만지며
씨알들 속에 숨어 있는 소질들을 키우려
현실 앞에 실천하는 삶과 길을 찾으며
하늘 소리에 녹아들어 자기 자신을 알도록
님의 길은 고난의 길이었지만
고국 산하 그리며 눈물 삼키던

자유를 구가하던 님의 길 넋 앞에
“못난 조상 되지 말고 부끄러운 세상 되지 않게 힘쓰라”는 말씀에
님 가신 지 400년이 되었어도
부끄러운 가슴 안고 여기 서 있네요

* 내산서원(內山書院) : 전남 영광군 불갑면 쌍운리 22-2 소재. 전라남도 기념물 제28호. 수은(睡隱) 강항(姜沆 1567~1618) 사후 18년에 제자 동토(童土) 윤순거(尹舜擧) 등이 스승의 유덕을 기리기 위해 용계사(龍溪祠)란 이름으로 세워졌으나 후일에 오늘의 이름으로 되었고 용계사는 화재로 소실되었다. 그후에 건립되어졌으나 1950년 한국전쟁으로 다시 소실된 것을 1974년 유림(儒林)들의 발의로 현재의 위치에 세워졌다.

벽골제 둑을 걸으며

징게맹갱* 들에
넓디넓은 방죽 하나
풍성한 농사를 이루려는 염원으로
흙을 파고 나르고 쌓고 밟고 다지고 바르고
씨알들은 허리가 휘어도
물을 채워놓으니 걱정이 줄고
부족함 물러가고 풍요는 밀려오고
엄청난 쌀을 생산해 놓아도
20세기 초엽에 조선을 강점한 자들은
한 해에 8백만 섬**씩 수탈해 가고
조선의 씨알들에겐 콩찌끼(大豆粕)와 좁쌀을 배급 주었느니
견디다 못한 씨알들은 살길 찾아 간도 등으로 이주해 갔고
이제는 개발로 옛 모습 아니어도
옛 향기 살아 농부가 구성지고
벽골제가 토해내는 넉넉함이니
농군들은 일하면서 백제인들을 만나
도란도란 소곤소곤 오순도순 속삭였으리
둑은 그날의 백제인들의 휜 허리인 듯 해
밟으면서도 죄스럽고 부끄러워 까치발로 걷습니다

* 징게맹갱 : 우리나라 제일 넓은 들의 김제와 만경을 이르는 지방사투리임.
** 우리나라 쌀 총생산량은 1912년에는 1160만 섬인데 일본이 수탈해 간 쌀은 50만 섬, 1931년에는 1920만 섬인데 일본이 수탈해 간 쌀은 840만 섬, 1933년의 1630만 섬인데 일본이 수탈해 간 쌀은 870만 섬 이렇게 해마다 늘어만 갔다(姜東鎭의 『韓國農業의 歷史』, 307쪽.)

백산성 옛터에 올라

두 번의 갑오년이
지난 봄날에
백산성*에 올라
가슴에 밀려오는 울음 운 것은
사랑하는 가족 때문도 아니네

하늘의 독수리별자리의 독수리는
변함없이 퍼드덕퍼드덕 홰를 치는데
서면 백산이요
앉으면 죽산이던
그날을 그리니
어느 곳에 잠든 영웅들의 고혼들을 생각하며
가슴에 대못처럼 박힌 한을
오늘도 울 수밖에 없는
비켜서기만 하는 나의 나약한 몰골

봄바람에
제폭구민(除暴救民)
보국안민(輔國安民)
척양척왜(斥洋斥倭)
오리징치(汚吏懲治)
오색 깃발은

함성인 듯 분노인 듯
신기루인 듯 내 눈앞에 어른거리고
오래되고 변형되고 횡포로
화석처럼 되어버린 세상을
순종보다는 이제는 활활 치솟는 반작용으로
혁명군들의 하늘로 치솟은 죽창 끝에는
썩고 구린내 나고 나약한 것들 남김없이 갈아엎고
씨알들을 괴롭히는
거머리 같은 부정한 권력자와 악한 자들을 쳐부수기 위해
변혁을 위한 투쟁은 살아 있는 모든 존재자의 몫
사람이 사람답게 사는 새로운 세상의 꿈이
푸르게 푸르게 빛나는 바람만이 번득였네

갑오년보다 일백 여년 앞에
프랑스의 농민들**은
세습적 특권층의 횡포와 징세의 폐습이 마그마 되어
몇 천 년 누리는 귀족, 영주, 사제의 특권도
당당히 거부하는 몸짓으로 빛났었느니
세대는 변화의 물결로 넘실거리는데
조선은 역사의 파고를 느끼지 못하는
귀 막고 눈 감은 조선이여 어이할거나

씨알들은 제도와 권세가 혈세를 강요하면
분화같이 폭발하는 무서운 힘으로 응집하는
역사의 여명의 등불임을
자유와 평화와 평등과 상호 호혜는 어디로 갔는가
그대들은 왜 나의 조국과 겨레를 삼키려 하였던가

세상은 변하고 변하였어도 그날을 우는 것은
모든 질서가 무너져 적폐가 되어 가는 것을
빛과 향기 충만하게
나라를 치유할 희망의 횃불이었는데
얼마나 많은 시간이 흘러야
동학농민혁명군들이 부르던 장중한 노래를
별들이 초롱초롱한 저 하늘로
울려 보낼 수 있으려나
씨알들은 역사를 앞서 달리는데
우리는 아직도 본질에서 떠나 비켜만 가는가
헤겔의 변증법도 거짓이더라
우리는 아직도 이루지 못한 죄인들인데

지난날만 지키자는 것 역사 아닌데
변혁과 개혁으로 나라 살리자는 생각
정의의 열화는 용암처럼 흘러내리고

질타는 칼날처럼 서슬 푸르게 서고
혁명군은 포화(飽和)를 이룬 세력이었으나
이제 닥쳐올 우금치재 전투에서
수구와 외세가 손잡고 삼켜버린 미완의 혁명
스나이더 소총과 라이플 기관총과 대포 앞에
장중한 꿈을 붉은 피로 다진 명약도
더 이상 버티기도 전진하기도 어려워졌네

승리는 살아남은 자의 것이 아니라
굴복한 자의 마음 안에 있다***

삶이 고통이어도 진실을 캐내려는 불붙는 마음
영웅들이 품었던 행복한 나라 다가올 수 있으리라
죽어서도 살아있는 꿈속엔 꽃처럼 아름다워
친화력을 잃지 않는 영혼의 세계
그렇게 씨알들은 역사를 앞서 가는데
이루지 못한 꿈을 꾸는 자를
어느 어머니가 품고 있으려나
고들빼기 질경이 들꽃도 비켜서지 않는데
나는 왜 비켜만 서고 무디어지는가
작아만지는 나를
백산성 옛터에서 바라보고 있네

* 백산성(白山城) : 전라북도 부안군 백산면에 있는 해발 48m의 백산 위에 지어진 성. 삼국 시대부터 있던 성인데 남접의 동학군들이 전라감영으로 진군하기 전 여기서 휴식과 세를 크게 규합했다.

** 프랑스 혁명이 일어나기 직전까지 농민들은 자유지 보유자를 제외하면 가지고 있는 토지가 없었다. 11조를 거둬들이는 짐수레가 전답을 지나가지 않으면 농민이 경작한 토지에서 수확할 수도 없었다. 11조는 지대(地代)의 한 유형인 동시에 계속된 불화의 요인이었으며, 징수 조건이 다양하였고 특권층과 영주들과 교구의 수탈로 많은 인권 침해가 일어났다. 농민들은 부당한 징세를 거부하고 폭등한 빵값을 내려달라며 여러 곳에서 몇 차례 대대적인 저항 운동을 일으켰다. 농민이 인구의 85퍼센트가 좀 넘었던 그 시대에 사회 여러 부면에서 일던 혁명의 조짐에는 농민들이 혁명의 강한 원동력을 제공하고 담당하였다(삐에르 구베르 저, 김주식 역, 『앙시앙 레짐 1』, p31~p50.)

*** 칼 야스퍼스(Kal Jaspers, 1883~1969)의 『비극론』의 명제.

새발무늬항아리토기*

바람을 가르며 살아온 세상을
가로세로 달리는 선들 위에 담기에는
팍팍한 삶의 고뇌라도 남을 것 같아서인가
하늘과 땅을 품은 듯 새들이 와서
무도회에 밀물과 썰물이 화답하고
도공의 머릿속엔 수많은 새들이 오가고
어떤 것은 붉은머리오목눈이의 발자국
어떤 것은 소쩍새의 발자국
어떤 것은 도요새의 발자국이라도 된 듯
새들이 다 떠나가버린 공허처럼
침묵은 오래도록 지속되었으니
도공의 핏줄에 새들의 발자국 소리 흐를 때
사랑 가득한 마음으로
하늘 끝까지 날고 싶어
영혼을 다하여 항아리에
정토에 이르려는 꿈 가득히
작디작은 새발을 돋음으로 품어 올리고
맑은 새소리 들으며
손을 털고 일어서서
혼이 맴도는 날아간 새를 쫓는
도공의 눈길은 중천의 보름달같이 밝다

* 새발무늬항아리토기 : 鳥足紋土壺. 전남 나주시 반남면 덕산리 4호 고분 출토. 국립나주박물관 소장. 삼국시대 4세기 중엽~6세기 중엽에 만들어진 것으로 백제 문화권에서 주로 볼 수 있다. 항아리에 사선이 가로세로 어지럽게 쳐진 위에 작디작은 수많은 새발(鳥足)이 양각 닮은 돋음으로 새겨져 있는 항아리.

규장각* 앞에서

모순과 두려움 없는 세상이 어디 있으랴
시대가 변하는데 잠자는 세대가 되지 않으려는
지혜는 역사의 크나큰 활력소이고 용해력임을
어리석음이 반복되고 조합되지 않게
꿈꾸는 자는 잠 없는 시간에도 꿈을 꾸었느니

무지개보다 더 고운 구슬을 꿰매려는
빛나는 유산을 씨알들과 함께 상속하려
동방의 일렁이는 지혜는
규장각(奎章閣)을 세우고
여명처럼 비추어오는 빛을 보며 성산(誠山)을 일으키려 했네

영혼은 한결같이 인재를 키우려는 노래
탐욕과 사악으로 빛 가리고 있던 세상
부드러움으로 강한 것 잘라내고
바위처럼 변함없는 꿋꿋함으로 삿되지 않게
산맥처럼 꺾이지 않는 용기로 나라 사랑을 활화산처럼

눈부시게 애쓰시던 고운 님 가고
전체를 내 안에 포섭하면서 전체를 넘어서려는 마음

씨알들의 핏속에 흐르는 무궁무진한 유산
찢긴 날개로는 심장을 춤추게 할 수 없어도
잦아든 빗물이 지하수로 숨어들어 흘러나오듯
하나에서 비롯하는 뜻으로 풀라 하네

* 규장각 : 조선 후기에 어제(御製)를 보관하기 위해 1776년(정조 즉위년)에 창경궁 내에 설치된 기관. 후일엔 왕실도서관으로 출판하는 일도 하였다.

적상산사고

2014년 광복절 다음 날
적상산사고(赤裳山史庫)*를 찾았을 때
기쁨보다 아픔이 나를 엄습했었네

몇 천만 근의 무쇠가 짓누르듯 하는 아픔이
책이 없는 집엔 영혼이 없듯
초라하기 그지없는 복사본 몇 십 권 뿐이였느니
겨레의 수난사의 파편들이
조선왕실의 빛나던 기록유산들을
분산 보관하던 지혜의 샘들이
네게 안겨져 있는 상흔들만 있고

악랄했던 임진병화로 소실된 기록물들
대륙의 명(明)과 후금(後金)이 각축전(角逐戰)을 벌일 때
또다시 병화에 소실되지 않게
겨레의 영혼이 녹아 있는 기록유산을
지켜 온 씨알들의 아픔이야 오죽했으랴
경술국치 후에는 송두리째 다른 곳으로 이관되고…

바람은 하늘과 땅 사이를 자유로이 놀고
조상들의 피와 땀으로 지켜온 보화들
뿌리도 깊게 뻗고 가지도 넉넉히 뻗어

씨앗을 보존하는 농부의 지혜처럼
기록유산을 지키는 것은 후손들의 몫

못 지켜낸 조상들 탓할 수만 없고
눈물과 비통과 울분이 가슴으로 흘러내리니
그것마저 없다면
어이 단군의 후예라 할 수 있으랴
마음은 어느 때나 우주의 생명그물에 이르러
제 혼을 잃지 않고 꿈을 키워가며 살 수 있기를
겨레의 예지가 은폐되지 않게
적상산사고 앞에서 새기고 있네

* 적상산사고 : 전북 무주군 적상면 적상산에 있는 적상산성 안에 위치해 있다. 사적 제146호. 원래 사고는 춘추관, 충주, 성주, 전주 등 네 곳에 있었으나 임진병화로 전주사고를 제외한 나머지 세 곳은 소실되었다. 그래서 산성 안에 1614년(광해군 4년)에 적상산사고를 지어 묘향산사고의 서책들을 옮겨 두었다. 1992년 양수발전소 건설로 적상호(赤裳湖)가 만들어지면서 사고는 윗쪽 현 위치로 옮겨졌으나 규모도 옛같지 않고 축소되어 있다.

제3부

곡우에 내리는 비

곡우에 내리는 비

정착할 곳이 없어서도 아닐 터인데
어느 역을 떠나와서
시집온 새색시 아침에
시어른들께 문안인사 올리듯
저리도 조용히 내리는 것은
원하지 않았는데 금수강산 위에
잔인하게 내려앉은 몹쓸 황사를 씻어주려고
하루 내내 봄꿈을 쓸어 재우고

돌아갈 길 잊어서도 아닐 터인데
온 땅이 몇 만 리인지
자로 재고 있는가
소리도 없이 쉬임없이 걸어가고
땅속 벌레의 갈증도 해소시켜주며
풍요를 예감하는 전령이어라
비가 개이고 나면 꿈꾸는 차밭으로
우전차(雨前茶)를 따러 가야겠다

경칩(驚蟄)

민달팽이
다섯점무당벌레
남방씨-알붐나비
청띠신선나비
참개구리
도마뱀
구렁이
다람쥐
청설모

햇살 깃든 산자락
쑥 돋아나는 밭에서
출석 점호를 해본다

겨울철
그대들은 몸 진액을 사르며
그대들의 꿈은 원초의 무릉도원을 그리었더냐

따뜻도 하다만
대지는 그대들을 기다림으로 더 풍요로웠었지
하늘은 그대들을 기다림으로 더 높고 따뜻하였느니
그대들과 공존을 망각하는

사랑 잃은 사람들
조심하렴
지구도 아픈 곳이 너무 많구나

태어나는 생명들의 경이로움 보아라
아침을 맞는 잠에서 깨어난 생명들의 환희를 보아라
달려오는 봄을 향해
평화와 기쁨을 전하는 그대들의 아우성
죄 없는 생명들이 해 됨 없이 살 수 있는
무릉도원의 꿈이 피어나게
허허로이 봄 동산을 채우는 사랑이여 나팔수여!

땅끝에서

누가 이곳을 땅끝이라 하였는가
백두대간이 품고 있는 질긴 생명들이 치솟아 오르는 곳
뭍과 바다는 둘이면서 하나로 부둥켜안고
처음도 끝도 없이 하나로 된 공간인 것을
뭍에서 오면 여기서 바다가 시작되고
바닷길 따라오면 여기가 뭍이 시작되는 것을

이곳에 와보면 끝이었던 것이 끝이 아님을
바다는 깊은 복식호흡으로 물결로 외치고
바람은 떡갈나무 넓은 잎의 북소리로 알려오니
귀에 한 순간에 '환희의 교향악' 이 들려오는 듯
나그네의 어지러운 머리를 6월의 바람은 씻겨내려 주니
여기 서 있는 것만으로도 가슴이 뛰는
그리움에 사무친 꿈이 피어나는 땅

바다는 수줍은 듯 얼굴을 해무로 반쯤 가리고
옥니 드러내어 웃는 물결 따라
저렇게 고운 모래밭은 어머니의 가슴인 듯 따뜻하니
바람을 가르며 살아온 어부의 한(恨)은
풍어로 채워준 것을 풀고 있는
땅끝은 사철 부드러운 마음으로 품어만 준다

누가 이곳을 땅끝이라 하였는가
백두대간이 품고 있는 질긴 생명들이 치솟아 오르는 곳
뭍과 바다는 둘이면서 하나로 부둥켜안고
처음도 끝도 없이 하나로 된 공간인 것을
뭍에서 오면 여기서 바다가 시작되고
바닷길 따라 오면 여기가 뭍이 시작되는 것을

포도문양각청자항아리

도공은 묵묵히 물레를 돌려가며
혼을 집어넣어 빚어낸 항아리

자식을 기르듯 지극한 마음 담아
사랑으로 기다리고 또 기다린 뒤에
조각칼로 긁어내고 포도를 새기고 붙인 것은
수백 번 손자국을 내고서 이룩한
마고성(麻姑城)* 지유천(地乳泉)** 곁에 있던 포도밭인가

유약을 바르고 또 기다린 뒤에
1,230℃의 불꽃에 품어 내고 나면
신비한 웃음으로 도공이 품어낸 꿈이
간절한 인고는 결 고운 아름다움으로
포도원의 향기보다 더 넘치는 어질기만 한 푸른빛…
무념인 듯 고운 곡선은 우주로 흐르고

포도원엔 청포도가 저리 풍년인데
저 포도 수확은 흰 사슴 타고 올 마고할머니이려나

꿈이 사랑으로 나타나면 아픔은 어디로 가고
우윳빛 닮았는가 했더니 푸른빛이 배어나오는
설산의 만년설이 햇빛에 푸른색 내듯

우주가 품어내는 신비한 빛을
청자 항아리가 품어내고 있다

*마고성(麻姑城) : 성경에서 에덴동산이 있듯 동양에서 인류시원에 관한 최초의 낙원이라고 전하는 곳이다.

**지유천(地乳泉) : 최초의 마고성 사람들은 땅에서 솟는 젖을 양식으로 삼고 살았다고 한다.

어름사니*

인생은 외줄 타는 것
외줄 위에서
뛰어올라
구름 타고
구만 리 장천을
유람하러 가시려나

그대 밟고 지나는 곳엔
해금의 가늘고 높은 음률은 바람을 가르고
나비가 되어 땅과 하늘 사이를 날고 싶은 마음
아픔을 이기고 나온 진주처럼 빛나는데
서릿발이 하늘에서 내린다 해도
네 것이 내 것
내 것이 네 것

그대 몸짓 하나에도 모국어의 향기 넘치고
세월 따라 머언 길을 가듯
그대의 붉은 피로 외줄 위에 발로 글을 쓸 때
살얼음판을 눈부시게 달리며 박수를 빨아올리고
가슴에는 끌어 오르는 불을 품어내노니
바람은 무섭도록 갈비뼈를 뚫고 지나가도

무아의 경지에서 생의 희열을 건져 올리는 자여——
인생은 외줄을 타는 것

* 어름사니 : 남사당패에서 줄을 타는 사람.

삼베 짜는 동복댁

보성군 복내면 옥평리 동복댁은
삼 년만 있으면 졸수(卆壽)*가 되는 데
스무 살에 시집와서 예순 여섯 해를
전통베틀을 분신처럼 사랑하며
농촌 일 다 하면서 바람을 몰고 오는 삼베를 짰다

베틀에 앉을 때면 사제의 의식처럼 경건하게
부테허리를 두르고 부테끈을 말코에 걸고
왼손에 북을 잡고 오른손으로 바디를 잡고
한발로 끌신을 잡아당겼다 밀었다 하면
바람과 구름을 몰고 오는가
잉엇대가 올라갔다 내려갈 때마다 바람 노래에
북이 들고 나면 동복댁의 혼이
씨줄과 날줄이 어우러져 하늘 춤 출 때면
직녀를 닮으려 푸른 꿈 피어났었지

간절한 마음으로 짜낸 삼베가
질곡의 궁핍한 세대에서도 사랑하는 자식들 오남매를
키우며 가르치며 날개를 달아주려
영혼이 달은 불은 더욱 빛을 발하고
직녀와 벗하며 하루에 한 필도 짜고

달빛에 짜는 베는 그리움에 더 두텁게 짜내는데
도투마리를 돌릴 때마다 뱁댕이도 떨어져 나오며 노래에 화답하는
삼베는 길어지며 한결같이 닷새 베 되니
일도 두루치기로 잘하시는 대갈마치 어른이 되어
손등은 씨줄 날줄이 하나 된 삼베결처럼 주름이 져
지금은 연륜으로 베틀에서 내려왔지만
슬기주머니는 예대로여서
인생살이에도 삼베 짜는 데에도 빼어나니
인생을 알차게 너벳벳이 살아오신 분

동복댁은
졸수가 눈앞에 어른거려도
육신은 연륜 앞에 고단하지만
마음이사 한결같이 젊은 날을 달리고
삼베 맬 때 솔뿌리솔로 쓰다듬어 낸 자르르한 날실처럼
여름날 삼베옷처럼 시원시원하다

* 졸수(卆壽) : 90세를 일컫는 말인데 한자의 약자 卆을 풀어보면 九十이 된다. 동복댁은 86세까지 전통베틀로 삼베를 짰다.

우리 밀을 지키는 사람들

어디 거기뿐이랴마는
전북 부안군*에 가면
우리 밀을 지키는 사람들이 있다

우리 씨앗 길러내고 지키던 종묘상들과
사라지는 씨앗들 중엔
거대 기업의 입속으로 들어간 것도 많고
생물종 하나를 잃어버리면
어느 별에선가 혼란이 일어나
대지와 산하가 큰 아픔에 빠지고

재화 획득에만 대기업들과 거대 은행들은 눈이 멀어버린 사람들
시카고의 거대한 곡물 사일로들도 가난한 사람들 껜 그림의 떡일 뿐
플랜테이션**이란 이름으로 제 입에 맞는 것들만 재배토록 하니
주민들의 주식도 마음대로 재배 못하고
큰 부자들도 사람들인데 가난한 자의 굶주림과 눈물을 왜 외면하는가

식탁엔 외국산 식재료의 침범이 늘어만 가고

거대 기업들이 가난한 사람들을 더 굶주리게 하는 죄의식 없는 세상
굶주림이 무서운 파멸의 무기라는 것을 그대들은 알고 있는가
보릿고개가 연례행사로 밀려오던 시절
부자나라에서 보내 준 잉여 농산물의 밀가루가
우리의 밀농사를 통째로 먹어 버렸지
다자간 협상으로 외국농산물이 물밀 듯 들어오는데
우리 쌀도 어느 때 가서는 그렇게 되지 않을까 걱정이 늘고

눈부신 부안 땅에 다시 개벽하는 순정(純正)한 우리 밀아
너는 유전자변형작물(GMO)이란 불명예도 없고
거대 기업의 터미네이터특허종자***도 아닌
조상 대대로 수천 년을 가꾸어온 옹골진 씨앗

도량 넓은 사람들이 동구 지키는 장승처럼
영토 지키듯 너를 지키는 사랑은
부족했던 시절의 아픔을 털어버리고
눈 속에 몸을 낮추는 겸손 배우며
볏논 일보다 번거롭기 더하여도

땀 흘려 온몸으로 가꾸는 일이
따뜻한 숨결로 겨레의 먹거리를 지키려는 염원은
파수꾼의 마음으로 지키고 있는 심지 곧은 사람들

쌀을 제외하곤 나머지 양식들은
나라에서 필요량의 절반에도 생산 못 미치니
아무도 칭찬해 주지 않아도
농부들의 지혜가 저 높은 곳에서 번득이며
아름답고 신성한 것뿐인 우리 밀을
누구에게도 먹히지도 매이지도 않기 위해
심혼(心魂)에서 나오는 노래 부르며
땀 흘려 우리 밀을 지키고 있다

*전북 부안군 : 부안군의 상서면, 보안면, 개화면, 백산면에서 도합 300ha에 우리 밀을 재배하고 있다.

**플랜테이션 : 식민지 경영자들이 대규모 농장에서 면화, 차, 코코아, 사탕수수, 땅콩, 야리삼 등을 재배 가공하여 식민지 및 세계시장에 내다가 팜(모노컬처 즉 단일작물 경작).

***터미네이터특허종자 : 농부들은 수천 년 동안 자기 농토에서 재배한 작물에서 채종한 것 일부를 씨앗으로 재배해 오는데 그렇게 사용하면 엄청난 소송에 휘말리게 되며 해마다 로열티를 지불하고 종자를 구입해서 재배해야 되는 유전자조작된 종자.

물과 생물

해파리와 수박은 물 덩어리
사람 몸도 열에 일곱 여덟은 물인데
수억의 댐이 있어
물은 그 안에서만 순환한다

이 세상에 사는 동물들은
들숨과 날숨 따라
고기처럼 부레 없어도
물에 빠져 죽지 않는데
사람은
지구에 두 발을 딛고 하늘로 머리를 쳐들고
꼿꼿하게 서 있는 것이 물과 하나가 못되는 것인가
죽어 물먹은 뒤에야 뜨니
부랴사랴 살아온 길
일순에 허망한 것인가

악어 하마 물개 바다코끼리 북극곰 고래
탱크처럼 체구가 커도
물에 가라앉지 않는 것은
자연과 혼연일체가 되어 살아온 삶이
한 번도 거역도 떠나봄도 없이 살아 왔기에
늘 자연은 어머니 품처럼 품어 놀게 해주나 보다

내가 여기 있다는 기(氣)는 어데로 가고
나에게 주어진 시간인 이(理)는 어디에 있는가
물이 있는 곳에 생명이 있는데
모든 살아 있는 것들은 물과 친하는데
물에도 길이 있는데
결 따르는 것 물결 길인데
지혜롭지 못한 게으름과 탐욕이
무서운 재앙을 불러왔다

소금쟁이는 물 위로 잘도 걸어가는데
하마는 물 위로 잘만 뜨는데
사람은 부랴사랴 허우적거려도
물을 배반한 형벌 너무 크구나
왜 사람에겐 물에 대해 이리 진화되었나
물에 빠져 죽어서 물 먹고야 물 위로 뜨는 인생이지만
침몰하고 있는데도 요동하지 말고 조용히 있으라는 안내방송에
순종이 최상의 미덕(美德)이 못되고 생지옥이 될 줄이야
위기상황 판단의 지혜도 용기도 못내 아쉽기만 한 순간들 지나만 가고

영성(靈性)을 부정해버린 파렴치한 자들
처음엔 학생들은 침몰하는 배 속에서도
문자 보내고 카카오톡 보내는 여유도 가졌었지만
피지 못한 인격체들의 불안과 비탄과 절규로 수장되는 것 보면서도
한 명도 구해 주지 못한 무능과 부끄러움이여, 참담(慘澹)함이여
배려하지 못한 맘몬에 장님이 되어버린 수치여, 이 세대여
도덕률과 정의를 무시하고 경제발전만 외친 적폐(積幣) 앞에
생때같은 자식들과 교사들과 시민들을 수몰시킨
어른들 모두가 방관자 공범자가 되어버린 대한민국이여…

* 2014년 4월 16일 오전 8시 40분 경 전남 진도 관매도 서남쪽 3㎞ 근처 바다에서 6800톤급 여객선 세월호의 침몰로 일반 승객들 포함, 경기도 안산시의 단원고등학생 324명, 교사 14명이 제주로 수학여행 가던 도중 사망했다. 462명이 승선했었는데 구조된 승객은 단 174명에 불과했던 부끄러운 대참사를 보고 이 시를 쓰다(5월 7일 생존자 172명으로 다시 정정되었으나 승객 총원에는 변화가 없다고 정정 발표하였다).

무안에서 증도 가는 길의 들녘

내일이 입동(立冬)인데
남도의 살가운 사람들의 정처럼
속살을 드러내고 있는 붉은 황토 땅
유달산(儒達山)과 승달산(僧達山)이 품고 있는
남도의 젖줄기 영산강이 핏줄기처럼 뻗어
햇귀를 받아내며 황해로 흘러가는 곳

내일이 입동인데
미처 손길이 닿지 않아서인가
벼 콩 고구마가 아직도
늦가을의 마지막 햇볕을 쬐고
배추 무 양배추 양파 마늘로 채우고 있는 땅에는
농부들의 보지란한(부지런히) 땀방울이 도랑의 물줄기보다 많게
더더욱 쌓여서 저렇게 탐스럽게 키워 내었느니
고단한 삭신을 일으켜 세우며 푸른 하늘 우러러 볼 때면
작은 소원 하나 건강을 비는 것뿐

내일이 입동인데
무등산의 높이보다 더 높게 꿈을 쌓으며
길마저 내어준 넉넉한 붉은 땅은

갯바람에 살갗을 상하면서도
무엇보다 농부들이 땀 흘린 것만큼
백팔번뇌를 녹이려는 땀방울은
평생 동안 슬퍼하지 않으려 이렇게
남도의 살가운 사람들이
살가운 붉은 황토 땅을 일구고 있다

송장뱀이논

공주 능치 하고개 아래에는
송장뱀이논이 있답니다

송장뱀이논의 벼들은
바람이 일 때마다 귀를 기울이면
신비한 소리가 난다는 얘기가 있다지요

사람들의 흐느끼는 소리 같다고도 하고
한숨과 울음이 범벅이 된 소리 같다고도 하고
불붙는 함성 같다고도 하고
꽹과리, 징, 북 치는 소리 같다고도 하고
보국안민이라 외치는 소리 같다고도 하고

깨어 있는 자들은 씨알들을 현혹시킴 없이 무리를 모으고
목표는 원대했으나 힘은 약했느니
불의에 대한 분노를 불태우며
부끄러운 것은 살아 있는 자들의 얼굴
갑오년 동학농민혁명군들이 싸우다 죽은
수십 구의 시체가 쌓였던 곳
벼가 잘되는 것은 님들의 혼령이 농사를 돕기 때문이랍니다

갑오년을 두 번이나 넘겼어도
님들의 선혈들이 스며 있는 검붉은 흙은
그 많이 흘린 피가 땅심이 되어
죽어서도 이 나라 씨알들에게
모든 사상을 넘어서는 평화를 위해 행동하며
삶과 죽음이 하나임을 외치던 소리
저렇게 벼 잎에서 일고 있다지요

틈새 점령

너는 불멸의 레지스탕스인가
너는 게릴라 작전의 귀재인가
사람과 자동차의 내왕이 빈번한
지산동 어느 점방 앞 아스팔트 길 위에
머리카락 굵기의 벌어진 실눈금 위로
뛰어난 전략가도 감히 점령할 수 있으리라 생각지 못한
불리한 곳을 점령한 맨드라미여

바늘 끝도 들어서기 어려운 좁디좁은 틈새로
너는 어느 날 악전고투 끝에 점령하고
하늘과 땅이 준 영광의 터전인 듯
당당하게 생명을 싹 틔워 저렇게 튼실하게
봄과 여름을 용케도 살아남아 굽이치는 세계로
돌 지난 아기의 팔뚝 굵기로 자란 튼실한 줄기
가을 하늘을 향해 홍옥빛 왕관을 쓰고
밤에는 오리온 성좌와 카시오페아 성좌와 큰곰자리별*들과 춤도 추며
한세상 넉넉히 살아온 너의 세계의 경이로움이여

생존을 장담할 수 없는 불리한 틈새에서도 살아온 것은

땀과 고통으로 지어진 성전이 아름답듯
바닷물을 뚫고 우뚝 선 촛대바위 벼랑에
수백 년 버티며 살아오는 소나무를 보라
생명은 그렇게 질기고 귀하기에
이 땅에 입 맞추며 사는 까닭을 아느냐고
맨드라미는 지나가는 길 위의 사람들에게 묻고 있다

* 큰곰자리별 : 북두칠성이 여기에 속한다.

난초와 유모버섯

식물의 씨앗들은
먼먼 길을 여행도 하는데
몇 천 킬로미터도
우주선인 듯
창조의 새벽부터 주어진 캡슐에
몸을 싣고 떠나가지요

캡슐 속의 난초의 씨앗에는
무게랄 것도 감지할 수 없을만큼
씨앗 하나가 10만분의 1그램도 안 되는
작디작은 것이
형언할 수 없는 먼먼 여행길에서
중력에 의해 착륙한 곳이
어떤 버섯*이 있는 곳이라면
우주와 태양과 지구로 생명의 고리는 이어지고
몸싸움도 함직하다만 버섯은 유전자의 가리킴대로
난초 씨앗의 싹 틔우는 축복을 의탁해 주지요

난초는 우주선 타고 온 보람이 있어
싹 틔우는 축복에 차니

귀한 아기 유모(乳母)가 키워내듯
이 버섯 난초의 싹 틔워낸 유모버섯이라오

* 어떤 버섯 : 뽕나무버섯은 난초 씨앗껍질의 일부를 용해하여 줌으로 인해 난초의 발아를 도와 주는 유모버섯이 된다.

선암사* 입구의
옹이 많은 참나무 한 그루

숲의 바다의 모르미에
너 홀로
덕지덕지 옹이 많음은
험난한 세월을 가르며
세상을 지키는 초병(哨兵)인 듯
근엄할 것도 없는 몰골이어도
구부러진 나무가 선산 지키듯
사원이나 왕궁의 동량의 재목으로
택함 받지 못하여도
살아온 날들의 사연의 두루마리를 펼칠 때마다
네 등걸의 껍질은 장수의 갑옷인 양 번쩍거리고
네 뿌리는 땅 속심을 품은 채
한량으로 제 사랑 지키려고 세상 내음 다 맡으며
『장자(莊子)』의 일만 육천 년 자란 신목(神木)**
을 꿈꾸지 않아도
나그네 방황 길의 쉼터도 되어 주고
새들과 곤충들과 작은 짐승들의 쉼터도 되어 주는
하늘을 향해 아픔 이기고 찬란하게 살아온 네 모습
너는 하늘이 베풀어 준 천명을 다 하리니
너의 영예로운 훈장을 나무꾼은 외면하였어도
나그네는 너의 경외로움에 발길을 멈춘다

* 선암사 : 仙巖寺. 전남 승주군 승주읍 죽학리 조계산 동쪽에 있는 사찰.
** 신목(神木) : 『장자(莊子)』의 「소요유(逍遙遊)」에서 인용. 현존하는 식물로서 수령이 제일 많은 나무는 오스트레일리아 동남쪽에 위치한 태즈메이니아 섬에 있는 호랑가시나무의 일종으로 43,000년이나 되는 것도 있다.

뻐꾸기의 번식법

청산은 넉넉하게 아낌없이 품어주는데
뻐꾸기는 이 눈치 저 눈치 다 보다가
잽싸게 도둑같이 다른 새 어미 빈 둥지 찾아
어제는 대까치 둥지에 알 하나
오늘은 개개비 둥지에 알 하나
내일은 종다리 둥지에 또 알 하나…
5월은 연두색으로 부풀어 가고
간절한 마음은 무한정인데
어미는 무슨 천형을 받았기에
제 알도 포란(抱卵)할 수 없어
감추어 둔 아픔 피눈물로 토하노니
제 새끼 날개 아래 품지 못하는 아픔
부족함 채우고픈 태산 같은 마음 어찌 없으랴
이 산에서 뻐꾹 저 산에서 뻐꾹
뻐꾹 뻐꾹 큭큭큭
미안 미안 미안해
뻐꾹 뻐꾹 큭큭큭
미안 미안 미안해
새끼에게 다하지 못한 아픔을
서럽게 서럽게 토해냅니다

* 뻐꾸기는 여름 철새인데 제 알을 포란 못하고 다른 새의 둥지에 알을 하나씩 낳는다. 알은 대까치, 홍대까치, 칡대까치, 개개비, 쇠개개비, 멥새, 붉은뺨멥새, 촉새, 흰할미새, 노랑할미새, 검은등할미새, 종다리, 검은딱새, 검은지빠귀 등의 둥지에 낳는다. 산란기는 5월에서 8월 상순까지로 보통 12~15개 낳는다.

앵두장수

이 나라에는
앵두장수가 많습니다
그들은 한 번도 앵두를 사고 판 일도
앵두나무를 재배한 일도
수확하는 기쁨을 누린 일도 없었지요

그들은 나라의 어떤 법도 지키지 않고
지키는 것은 용지법과 무법이랍니다

나라를 뒤흔들어 놓는 삿된 마음뿐
좀도둑은 물건을 훔치고 큰 도둑은 나라를 훔친다는데
공금도 제 돈처럼, 남의 돈도 내 돈처럼
인정도 병이 되어 청탁도 잘 들어주는
감투자리 이용하여 배임과 수뢰와 횡령과 타락으로 굴비를 엮고
놀부도 뒤로 넘어질 가진 자의 횡포와 불평등과 인색함과 이전투구
도척(盜跖)도 경악할 공갈과 간교함과 잔혹함도
흡혈박쥐 흡혈하듯 등골 처먹는 후안무치
알음알이로 처신해 가며
경극배우의 순간의 변모처럼 변화해 가며

원한의 눈물이 바다를 이루어도 사죄함도 책임짐도 없이
잘못을 저지르고 어디로 잠적해버리는
미꾸라지 빠져나가듯 잘도 빠져나가지요

이 나라에는
부끄럽게 앵두장수가 많습니다
그들은 한 번도 앵두를 팔고 산 일도
앵두나무를 재배한 일도
수확하는 기쁨을 누린 일도 없었지요

하나와 둘

하나의 점이 대폭발하여
우주와 천지만물이 형성되고
하나에만 머물러 변화 없으면
그것은 허상

젓가락은
어느 때나 둘
하나로선 밥티 하나도 집을 수 없다

아사달과 아사녀의
사랑도
가슴앓이가 아니어야 함은
둘이 합하여 꽃이 피고

손바닥 하나로선
소리 나지 않는데
다소곳이 둘 모두어 합장하면
거룩한 님께 이르고

손바닥 하나면
외롭다
하나의 손바닥 내밀어

또 하나의 손바닥 잡으면
막힌 길도 뚫는
하나 되는 길 초석 되리니
어화둥둥

방충망에 앉아 있는 매미

날마다 장맛비 내린다는 예보는
오늘도 신경통 앓는 노인의 통증예보에 못 미치고
하루 내내 회색구름만 끼어 있는 오후
베란다 쪽 방충망에 매미 한 마리
독서하고 있는 시인의 벗이 되어주려 왔는가
좌선이나 하는 듯 미동도 않고 저리 조용히
십여 년을 기다리고 벼르던 날들에
저 날개로 건널 수 없는
푸르른 지평선을 꿈꾸었던가
나무 그늘이 싫어서도 아닐 터인데
저렇게 메마른 방충망에서
하얗게 바랜 삶의 번뇌를
용틀임이라도 하려는 무거운 침묵 속에
그리움은 영원으로 사무쳐 날고
하늘 소리 땅 소리 들으며 방랑자 되어
온갖 공해로 너의 쉼터도 불안만 쌓여
자유롭게 날아가 사랑을 찾는
잠 없는 오후에 하얀 꿈을 꾸고 있나 보다

제4부

꽃씨를 보내며

꽃씨를 보내며

여보게
꽃 좋아하는 사람아
계절 따라 나의 꽃밭에서 받은
빗질하듯 손질하여 보내는 꽃씨
살아 있는 모든 것과 멀리 있어도 함께하는
창조의 새벽꿈을 품고 있느니
마음길 가는 길에 심어보시게

꽃씨 심어 싹 트고 꽃 피거든
그 속에 자네 얼굴 찾아보고
내 얼굴도 찾아보시게
멀리 있어 자주 못 만나는
정을 이어가는 흥주머니 터지는 소리 듣고
그리움만 더해가는 사랑으로
우주의 큰 바람소리 넘치는 것을

시공을 넘나드는 씨앗
발걸음이 마음길보다 더디더라도
꽃씨 속에 그 마음 품어 내리니
작디작은 에덴동산 가꾸어보시게
창조의 새벽꿈 간직하고 있는 작은 꽃씨
꽃피면 못 보던 한세상 눈부시게 보게 되리니
자네의 너그러운 마음도 현란한 꽃밭 속에 있으리

오동도

십일월의 마지막 날
일상의 무거웠던 먼지를 털며
돛처럼 부풀어진 마음으로
낯익은 얼굴 그리며
말하는 하늘이 바다 속에 있는 곳

그리운 사람들과 수반 속에 동백꽃 가득 놓인 탁자에 앉아
오동백 다방에서 동백꽃 발효차로 피로를 풀며
사랑의 아픔으로 바다로 떨어져 죽은 처녀의
먼 하늘로 날아가고 싶은 넋이
떨어져 동백꽃으로 붉게 핀 전설을 씹고 있다

봉황새 불러들이던 오동나무 간 곳이 없고
후박나무 동백나무로 채워진 곳
서러워 한이 된 시누대밭엔 피맺힌 바람이 일고
물이랑 바람길이 차고 매서워도
물개바위랑 벗하여 외롭지 않느니

유조선, 컨테이너선, 어선의 열병식인 듯 드나드는 것 헤아리며
미움도 원망도 사라지는 때면

불같은 노래라도 부르고 싶은
외로운 가슴엔 동박새가 찾아 줄 때면
오동도엔 연인들의 발길이 넘쳐난다

동백꽃

내일이 입동인데
오늘 베란다에서 키우는 동백꽃이
새벽에 꽃단장으로 붉은 꽃잎과 노란 꽃술로
꿈을 꾸는 아기의 입술 오물거림인 양
녹색 치마 사이로 얼굴 드러내었네
머물지 못하는 겨울인들 어떠랴

소라고둥 껍질은 네 노래를 듣고
조약돌 하나는 네 미소를 보노니
얼었다 풀리는 땅 갈라지는 소리를
너는 들으면서 동박새를 그리는가
그리움 가득 입술 깨무는 너 앞에서
벗님과 나는 소주라도 한 잔 나누리라

고뇌의 빈자리 털어내고
너와 같이 웃으리라
어느 날 미련없이 떠나갈 꽃송이들이
뚝뚝 떨어져 나갈 아픔을 보며
외로워도 네가 가버린 자리에서
뛰어오는 봄을 맞으리라

윤슬

밤의 호수 위에
달빛이 내려오면
수면은 윤슬로 더욱 빛날 때
귀뚜라미 선율에 맞추어
꿈의 연인들이 왈츠를 추는 발끝에
부정하면 사라질 것 같은데 사라짐도 없고
금빛 물결은 연꽃 되어 피어나고

칠흑 같은 밤의 호수엔
윤슬은 일지 않고
호수는 먹물로 까마귀를 그려놓는데
그 그림 알아보는 이 없어
긍정하여도 얻을 것 없음에
선잠 깬 물고기 한 마리가
물 위로 뛰어오르며 천하일색(天下一色)이라고 하네

바다

바다는
나이라는 것이 없나 보다

하루도 쉼 없이 요람을 흔들 때
가슴을 뒤집어 놓으면
파도의 물꽃송이는 부풀어 오르는데
멍든 가슴은
쪽빛보다 더 퍼렇고
무엇을 준비해야 할지도 모른 사이
파도의 스펙트럼처럼 인생의 항해 길은 지나간다

아파할 틈도 없이
넓은 마음
커다란 웃음으로
심해에서 가슴을 헤치고 울려오는 소리
마음의 상처도 감싸주는 사랑으로
서툰 이방인에게도
길을 내어주는 허허로운 바다

오늘도 바다는
시간의 맷돌질 속에
세상 사는 얘기 메아리가 되어

요람이 흔들릴 때마다 들려오고
오늘은 어떤 시간이 멈추지 않은 얘기를
어둠 속에서도 보채는
하얀 바닷새들이 물고 오려나

제17회 인천아시안게임*

— 남자 남북한 축구 결승전을 보고

처음부터 그것은 잘못이었다
하나이어야 할 것이
둘로 나누인 것이 잘못이었다

평화의 숨결, 아시아의 미래라는
기치 아래
아시아 45개국 모든 회원국 선수들이
개인과 조국의 명예를 위해
뛰고 달리고 땀 흘리며 인천에 열기 넘침은
갈고 닦은 기량을 풀어냄이었어라

2014년 10월 2일
남북한 선수들은 동포끼리 갈리어
공을 차고 막고 빼앗으며 창과 방패가 되어
승리가 명예가 됨직도 하다만
경기에 어느 때나 있는 이분법을 넘어
젊은 그대들은 먼먼 꿈을 먹고 살아라

그대들의 아버지의 아버지의 아버지들은
80~90년 전만 해도 경평축구대회를
서울과 평양을 오가며 열었었느니
개최지에선 그날은 크나큰 축제였었지

하나 되어 구만리 장천에도 날아오를 그 꿈을
언제나 붙들어 주고 보듬어 주고 길동무가 되어 줄
승패를 넘어 경기가 끝나면 서로를 보듬고 춤을 출 수 있다면
지축도 회오리바람 일듯 춤으로 화답하고
그대들의 동포애에 온 누리도 환호와 갈채로 화답하리니

그대들 지혜의 아들들이여
울분과 한이 서린
남북 22명의 선수들 마음엔
화강암에 정으로 깊게 새긴 글자들처럼
상처를 쓰다듬고 있음 어찌 없으랴

그대들이 진액으로 흘리는 땀방울의 의미를
그대들의 속속들이 알아낼 수만 있다면
그대들은 온 누리의 사랑 더 크게 받으며
지혜로운 아들들로 태어나거라

승패라는 이름을 넘어
금메달보다 값진 홍익인간의 세상이어야 할
반칙이 많은 거짓된 것들을 물리치고

뜨겁게 뜨겁게 사랑할 하나 된 조국
그리며 굽힘 없이 살아라

그대들에게 보내지는 함성 위에 필
겨레의 심장의 박동이 멈추지 않는 사명을
동방의 지혜로 넘실거리게 하라
악착같이 뛰었던 그대들
정규시간 다 뛰고 연장시간 갈리려 할 때
승리는 한국선수들이 일구었느니
엊그제 여자 남북한 준결승전은 북한 선수들의 승리

객기도 삿된 마음도 없이 생각을 하면
이겼어도 마음 한구석엔 구멍이 뚫려 있고
졌어도 그 뒤엔 하나 되지 못한 부끄러움만 쌓여
온 누리에 부끄러움 없는 아들들로
언제 하나 되어 당당하게 단일 팀으로
평화의 숨결을 실어나갈 꿈을 가져라

* 제17회 인천아시안게임은 2014년 9월 19일부터 10월 4일까지 개최되었다.

도사리

열매는
수많은 시간 속에
불멸의 질기고 질긴 생명의 씨눈을
키우고 있다

어느 날 감꼭지나방이
입 맞추고 간 다음
진주 품은 조개처럼 아픔만 남는다

어디인지 모르는 상처에 흐르는 피도 없이
제 삶을 다하지 못한 아픔은
뿌리부터 절벽 위에 서 있는 것처럼
모두 내려놓고 되돌려 주려
시간 위에 그렇게 포근히
햇빛 품고 질기게 살아왔음이여

상처는 슬픔이 되어
눈물자국 없이 뚝 떨어지는
다 영글지 못한 감의 도사리는
땅 위에 낙관을 찍는다

제주도 토끼섬의 문주란* 꽃

오줌과 똥에도 길이 있다는데
제주도 본섬도 아닌 지극히 작은 토끼섬에
숱한 대륙과 섬들을 버리고
네가 자랄 수 있는 북방한계선임을
눈도 나침반도 없는 네가 뿌리 내린 축복의 영토
햇살 이글거리고 파도소리 잠들지 않는
여기가 언제나 살가운 너의 고향
세상을 건지는 사랑 가득 담아
삼복더위가 맹위를 떨칠 때
초록의 치마인 듯 튼실한 잎 사이에서
수백 천의 꽃대 위에 초저녁에 새하얀 꽃이 피면
노래를 타고 앞질러가는 너의 수줍은 듯한 웃는 얼굴이
신비함이 신성함 위에 행복 가득히
축제는 바닷가 모래밭 한마당에서 일고
별들과 달이 내려오면
에메랄드빛 바다의 윤슬은 먼 바다로 향하는 뱃길을 밝히고
은은한 향기로 섬을 감싸인 토끼섬은 온통
사랑으로 흠뻑 젖은 박각시나방들도
파도의 무도(舞蹈)에 혼을 빼았겼음인가
축제의 환희의 송가는 보석처럼 빛을 발한다

* 문주란 : Crinum asiaticum var. japonicum Baker. 수선화과식물에 속하는 상록다년초. 제주도 북제주군 구좌읍 하도리 앞바다에 있는 토끼섬은 문주란 북한계자생지가 있는데 그곳은 천연기념물 제19호로 지정되어 있다. 개화기는 7~8월이다.

동행 3

— 사람의 집의 총각 엄마 김태훈님 이야기

그대는
장가도 들지 않은
30대 초반의 젊은이
땅보다 넓은 가슴 가진
엄마가 되었소

그룹 홈이라는
사람의 집에서
내 동족이고 내 형제인
탈북 청소년 아홉 명의
어머니

가족이 해체되고
또는 의지할 곳 없는 외톨이 고아여서
밤이면 불빛이 휘황찬란한
강 건너 땅을 보고
그들이 살던 땅을 버리고
살아야겠다는 일념으로
두만강을 건너온 청소년들

그대에게 가이없는 아픔이 있었기에
간절한 마음으로

사랑을 나누어 주는 아픔을 간직하려
의지할 곳 없는 어린 형제들을
제 아픔인 양 품은 것이요?
그대 보고 있노라면
80 넘은 내 얼굴 붉어만지는구려

한 명, 두 명
이제는 아홉 형제들
그대가 품은 지
수삼 년
초등학교 중학교 고등학생으로
사랑으로 그늘 없이 키워낸 이여

보듬어주고 격려해주며
눈물 닦아 주고 기르고 가르치고
기다리는 것
사랑이라는 총각 엄마에게 주어진
하늘의 훈장이나 보오

세상에는 탐욕이 사랑을 병들게 하여
그대의 이웃이 곱지 않는 눈으로 보아도
겨레의 아픔을 그들이 어찌 알겠소

편견을 해소시키려는 그대 아픔 너무나 크오
젊은 형제들의 상처를 어루만져 주는 그대는
단군 할아버지가 가르쳐 주신
사람과 사람을 널리 이롭게 하는 사랑을
실천하는 고마운 사람

그 어느 날
분단된 조국이 하나로 될 때
그대와 함께 사는 청소년들도
그대처럼 사랑을 실천할 사람으로 자라고 있는 것 같소
그것을 크나큰 보시로 받으시구려

* KBS 〈강연 100℃〉에 소개된 내용을 시로 쓰다.

가을의 끝자락에서

너무 아름다웠던 가을
축복으로 채워졌던 시간들
신은 그렇게 모두에게 나누고자
그렇게 모두에게 경험할 수 있도록
산과 들과 과수원과 오솔길에도
성스러움으로 낯설지 않게 채워 주었다

노을은 세상의 아픔도 삼켜버리는 양
물결 위에서 반짝이며 생명으로 일깨워지고
어떤 말로도 그릴 수 없는 아름다움으로
축복으로 채워졌던 가을날들을
이제는 하나둘씩 거두어 가고
흘러가는 구름처럼 떠날 준비의 지혜로 가득하다

크리스마스에 핀 자주색 문주란 꽃

동지 지난 날씨는 차갑기만 한데
고향 잃은 자의 아픔을 삭이며
제철 아닌데도 외로움 솟구쳐 올라서일까
시작된 파문은 고향만큼이나 뜨거운 열기로
아기 예수 태어났던 날
참았던 그리움 한아름 넘치는 사랑으로
향긋한 내음 바치려는 넉넉함이
이 밤에 잠들지 않은 별들과 소로시 찾아와
문드러진 상처 감싸주려
암암하는 태평양의 파도소리를 듣고 있는가
고개 숙인 듯 웃고, 웃는 듯 고개 숙인
한가위 때보다 더 곱게 거실에서 핀
내 마음 훑어가는 자주색 문주란 꽃은
고향 그리워 눈물처럼 화밀(花蜜)을 뚝 뚝 흘리고 있다

겨울의 순천만에서

눈보라 치는 날 순천만에
갈대는 눈 무게 못이겨 고개 숙이고
두루미는 떼 지어 긴 목으로 세상을 본다
썰물과 민물은 들고 나는데
청둥오리는 날아가 돌아오지 않고
오늘은 갯벌엔 게들도 나오지 않는데
내 목은 눈보라에 자라목이 되어도
쓰러져도 일어서는 갈대처럼 살리
세파에 찌든 때 내리는 눈으로 떨어버리고 싶어
허기진 시간은 발길을 재촉하여도
북국에서 오는 바람소리와 동행을 하며
나는 오늘 이렇게 조용히 갈대풀 산책 길을 거닐고 있다

질경이

누가 알아주지 않아도
바람과 구름과 물소리 새소리 벗하여
가파른 오르막길에서 밟히고 있어도
찢기고 아파도 살아가야만 하는
참을성으로 후회하지 않는
반란을 일으켜 꽃으로 고개를 들어도
사랑을 고백할 수 없어서일까
눈길 한번 받지 못하고
하늘을 받들어 살아온 삶은
어디에 있는지도 모르게
숨은 것도 아닌데 숨은 듯 고요히
사람들의 발에 밟히고 채이고
뽑혀 제기차기 놀잇감이 되고
짐승들이 지나다가 오줌을 갈겨도
강인함과 겸허함이 넘치고 있어
생명은 비우고 또 비우며 키워내노니
서둘지도 급할 것도 없이 살아오는
절제하는 다스림의 아름다움이여—

제5부

삼[大麻]을 사랑하는 동찬 양반 내외

뽑혀버린 밤에 피는 나팔꽃의 아픔

넙턱지(궁둥이)만 한 땅뙈기도 없는 내가 잘못을 저질렀구나. 꽃은 정원에 심어놓고 가꾸며 대화하며 감상해야 하는 것인데 아파트에 살고 있는 나에게는 그러한 공간이 없구나. 그런데 꽃을 사랑하고 좋아하는 나에게 금년 5월에 고맙게도 일본에서 선교활동을 하고 있는 김안신(金安信) 목사가 '밤에 피는 나팔꽃' 외 2종의 씨를 보내 주었다. 내가 살고 있는 아파트 근처에 어느 분이 몇 년 전까지 꽃집을 하던 빈터가 있어 그곳 한쪽에 정성들여 심었다.

나팔꽃은 아침에만 피는 것이 아니다. 내가 마당발이 못된 탓도 있지만 밤에 피는 나팔꽃이 있다는 얘기는 들었어도 실물을 본 적은 없었다. 일본 사람들은 나팔꽃을 사랑하는 것 같다. 그리고 생태적 차이가 있는 종도 몇 종 있는 모양이다. 싹이 트고, 덩굴이 지고, 녹아들어갈 듯 새하얀 꽃이 조각달이 넘어갈 무렵 피는 꽃. 이 꽃이 피면 감상도 하고 사진을 촬영코자 벼르고 기다리던 꽃. 드디어 8월의 어느 날 피기 시작했다. 첫 번째로 핀 꽃은 너무 늦게 피어 사진 촬영 못하고 두 번째 날 핀 꽃은 박꽃과 분꽃 피는 오후 네댓 시부터 1시간 간격으로 몇 번 들락날락하였다. 몹시 큰비가 오는데 말이다. 그다음 날도 비는 하염없이 한나절을 그렇게 내렸다. 그런데 그다음 날 가보니 청천벽력이다. 그동안 몇 년 동안 묵혀둔 땅을 주인이 정리하면서 내가 심었던 꽃들을 싹 뽑아버린 것이다. 이 생명의 아픔 오죽했으랴. 생명은 모두가 우주의 근원에 닿아 있는 것으로 우주의 본질 자체가 생명이니 일체의 생명은 우주적 생명이고 전일적이고 근원적인 유기적 통합체일 터인데 이렇게 혹독하게 되었으니 한 평의 땅도 갖지 못한 부끄러움과 서러움으로 뽑혀서 시들어버린 덩굴을 어루만진들 내가 어찌 네 아픔을 다 알랴. 부끄럽고 미안하구나. 그 새하얀 빛깔의 꽃이, 달빛을 보듬었을 네 모습이 이리 그리울 수가. 땅 없는 가난한 자가 우주의 생명 하나 죽였구나. 씨앗 보내 준 김 목사에게도 부끄럽고, 이 꽃 사진 어디 가서 촬영할까. 밤에 피는 나팔꽃[月光花]이여—. 노동은 사랑을 가장 아름답고 진실하게 표현하는 행위이기에 나는 꽃을 사랑하고 심는 것을 좋아한다. 오늘 같은 아픔을 맛보면서도 말이다.

삼[大麻]을 사랑하는 동찬 양반 내외

전남 보성군 복내면 옥평리(옥당길 27-1)에 가면 삼베 사랑과 삼베에 미친 아름다운 사람들이 살고 있다. 대학 졸업 후 몇 손가락 안에 드는 직장에 취직하였으나 수직적 체계와 보수적 사고방식으로 벽이 쳐진 것들에 신물이 나서 사표를 내고 향리로 내려와 삼베 사랑에 거의 40년의 세월을 바쳐온 사람. 동찬 양반(이찬식 님) 내외이다. 동찬 양반은 80세를 바라보는 산전수전을 다 겪은 분으로 호를 마광(麻狂)이라 하였음만 보아도 삼을 얼마나 좋아하고 사랑하는지를 알 수 있다. 그의 집 대문에는 초라하지만 '보성삼베랑'이란 아주 자그마한 간판이 애교스럽게 방문자를 맞아 준다.

오랫동안 우리들 일상복의 많은 부분을 차지했던 삼베가 현란한 공산품에 밀려 뒤안길로 가물가물 사라져가는 현실에 가슴앓이를 수년간 해왔던 그이. 삼과 생을 같이 하기로 굳게 다짐하며, 현실에 굴하지 않고 꾸준히 삼을 지키려 심혈을 기울여 걸어가느라고 그 곱던 얼굴엔 그가 살아온 험난한 여정을 말해주는 생의 훈장이 깊은 골로 주름져 있다. 그렇게 함은 그의 몫으로 주어졌던 지구의 꿈의 한 토막을 눈으로 볼 수 있게 형상화하는 작업이기도 하다. 삼은 한국전쟁 발발 이전까지만 해도 많은 농촌 지역에서 재배하고 섬유를 채취하여 삼베를 짜던 섬유작물이었다. 그런데 전후에 삼에는 향정신성 향진물질이 함유되어 있어 함부로 재배하지 못하도록 법으로 금하는 섬유작물이 되었다. 그 후 삼은 재배한다며 서류상 허가받는 것도, 재배하여 베로 짜기까지도 너무 복잡하기에 농가에서도 자연스럽게 손을 놓게 된 것이다. 남들은 한물 간 것에 그토록 매달릴 필요가 있느냐고 할수록 금실이 좋은 이들 부부는 돌부처처럼 묵묵히 이 일을 고집스럽게 지켜 나간다. 그가 가는 길을 누구도 어떻게 못하고 다만 그 자신의 꿈을 그리며 펼쳐 나간다. 세상의 인식을 바꾸려면 다른 눈으로 보듯 다른 눈으로 보는 그가 보는 세상이 아름다운 세상이듯 자연스럽게 베틀에 앉아 삼베를 짤 때도 삼베 속에 꿈을 집어넣고 있다.

전국에 삼을 허가받아서 재배하는 곳은 네다섯 군데뿐이다. 마광은 건강검진을 불시에 받기도 하는데 삼씨(종자)나 잎을 향정신제로 복용하지 않았을까 하는 의심에서 해방되기 위해서란다. 삼은 4월에 파종하고 7월에 채취하여 삼굿에서 쪄내고 껍질을 벗기고 째고 섬유를 잇고(삼고) 조라기를 골라내고 날고 탈색시키고 물레에 올리고 매고 베틀 짜기까지 수십 번의 손질이 가야 바람을 몰고 오는 삼베가 탄생한다.

이들 부부는 이제는 개량베틀로 베를 짠다. 보성지방에서 짜는 삼베는 닷새베가 일반적이지만 숫자가 높을수록 베의 넓이가 넓어지고 더 고급품으로 대접 받는다. 이렇게 조상 대대로 내려오는 아름다운 우리의 것들을 잃어가고 있는 것은 전통성과 역사성을 배려 않는 행정관료들의 무지와 무능도 한몫하는 것이리라. 올곧게 외길을 걷는 사람은 고달프지만 대마섬유를 통해 현대에 맞는 길을 찾고 있고 활용도를 높여 농촌의 살림도 도우려는 의욕으로 이들 부부는 혼신을 다하며 땀방울을 흘린다.

활을 사용하던 시절엔 전쟁이 일어나면 삼베가 방탄복 역할을 했었고 사람이 마지막 갈 때에 입는 수의도 삼베옷이며, 삼베옷은 여름철 바람의 소통이 좋아 위생에도 좋고 멋이 있다. 삼베옷은 자개바람을 몰고 오는가 그렇게 시원하게….

"순수하고 실은 사랑스러운 삼은 체르노빌 원자력발전소 폭발사고 이후 정화 활동에도 놀랍도록

이용되었다."(제인 구달, 『희망의 씨앗』 중)

동찬 양반 내외는 눈에 보이는 것만 얻는 것이 아니요, 눈에 보이지 않는 그 무한한 보물을 보며 사는 날까지 삼베를 사랑하고 지키리라는 자부심과 긍지로 얼굴엔 훈훈함이 넘친다.

오랜 기다림이었습니다.

하나의 시집을 내고 그 다음 시집을 내기까지의 도상이 너무 길었습니다.

노정(蘆汀) 손광은(孫光殷) 교수와는 1년차 선후배로 학부는 달랐지만 만난 지 60년이 넘으며 형제처럼 지내는 사이입니다. 그런 인연으로 매우 바쁜 가운데서도 이번 나의 제3시집 '발문'을 사랑으로 써 주었습니다. 이 자리를 빌어 고마움을 전합니다.

전남 보성군 율어면 옥당리 삼베사랑 마을, 국립나주박물관에는 곽명옥 집사님(教友)이 기동력이 없는 나를 도와 주신 점 고마움을 전하고, 농촌진흥청 국립식량과학원(전북 익산) 최재성 박사, 이기표님, 전북대학교 황인호 박사 등이 기동력이 없는 필자가 전북 지방의 사적지와 역사유적을 기행할 때 교통 편의를 비롯, 여러가지를 도와주었습니다. 고마움을 전합니다.

백세 장수시대라 하지만 천명을 어찌 알겠습니까? 허락해 주신다면 사랑으로 다음 시집도 꿈으로 피워보려고 합니다.

강춘기

草堂 강춘기 선생 시세계

손 광 은(孫光殷)
(시인, 문학박사, 전남대 명예교수)

1

草堂 강춘기 선생은 소년 같은 진솔한 마음과 꽃같이 순수하고 겸손하여 성직자 같은 고결한 정신으로 사회에 의롭게 도전과 창조를 부르짖고 살면서 농촌, 농민을 위한 밀알 정신을 처음 씨 뿌린 행동하는 사상가라고 할 수 있다. 선생은 빛고을에 있는 서강정보대학(현 서영대학교) 교수를 거쳐 학장 보직을 마치고 정년퇴임했다.

필자에게는 대학 1년 선배이며 형, 동생으로 허물없는 인연(因緣)을 소중히 여기면서 여태까지 평생 동안 내가 존경해 온 분이다. 1958년 전남대학교 농과대학 농학과 재학 때부터 학문과 전공은 서로 달랐지만 당시 사회 일각에서 변화와 개혁을 함께 염원했다. 시대적 어두움을 밝도록 일깨워주신 선구자 함석헌 선생, 유달영 박사, 백영흠 목사의 인문학적 정신을 우리들은 서로 숭모하고 모셔다 강의를 듣는 등 열정과 정열로 일

찍 새로운 시대 상황에 젖었을 때다.

인생의 철학적 고뇌와 사유를 함석헌, 의재 허백련, 유달영, 정상호 학장 등과 많은 인사와 교류하며 인문학적 상상력을 가슴속으로부터 받아들이고 치솟아 오르는 도전과 창조정신을 익혔다. 당시 시민운동과 헌신의 역사를 새롭게 쓰고자 밀알회를 창립했으니 강춘기, 김용혁, 김영룡, 김안신, 오찬용, 장태규, 정구선 등이 회원이었다. 밀알인들은 부정한 사회 군더더기를 털어내고 불균형 소외와 가난을 벗어나고자 사회에 쏟아내는 광풍 같은 일깨움을 사회봉사로 던졌던 이들이다. 올바른 삶, 정직한 언어가 살아 움직이는 밀알 정신을 싹틔운 것이다. 진실, 헌신, 순결, 창조를 가슴에 새기고 낮은 자리, 겸손의 자리에 있으며 상호간 협력을 바탕으로 인간을 사랑하고, 자연을 사랑하고, 역사와 문화를 사랑했다.

초당 형께서는 의재(毅齋) 허백련(許百鍊) 선생이 설립한 농업기술학교에서 학생들을 지도하고 가르치셨으며, 함석헌 선생과 유달영 선생을 모셔서 수련회를 열고, 의재가 사랑한 단군의 홍익인간 정신을 본받고 애국애족과 분단 조국의 역사 상황과 사회 상황을 분통히 여기면서 조국통일 꿈의 실현과 조국의 삶을 풍요롭게 해야 할 삼애정신(愛天, 愛土, 愛族)을 몸에 터득하고 삶에 녹아 있었다.

당시 심하던 부정부패와 환경오염과 환경파괴를 상상해 보라. 고난을 받고 면면히 살아온 겨레 사랑, 국토 사랑의 외경심이 절실한 세월이었다. 들끓는 밀알 정신은 어언 50년 세월을 넘기고 명년이면 60년을 맞게 되는데 밀알회는 우리 사회에 커다란 족적을 남겨 놓았다. 초당 형이 필자에게 청탁했던 밀알 50주년 기념 헌시를 먼저 게재하여 선보이고 밀알 정신 혼이 깃든 초당 형의 시를 감상하도록 하면서 인연의 끈을 더 이어가고 싶다.

악취 나는 세상에서
밀알은 향기롭다

모두가 말없이 침묵할 때
악취 나는 거짓에 맞서 침묵할 때
밀알인의 외침이 세상을 깨웠다

정직하고 성실한 사람이
잘 살 수 있는 밀알을 심어
정의로운 사회로 열어가자 외칠 때마다

정열로 들끓는 진실과 헌신적 창조가
벽을 허물고
무관심의 소외 가족을 위해
한 알의 밀알을 심어 많은 열매를 맺었으니
다시 이 땅에 밀알을 심을 때다

그늘진 곳을 찾아 밀알을 심을 때다
촛불을 켜고 거짓말 세상은 가라
일어서 큰소리로 외칠 때다

믿음이 없는 믿음이 없는 사람들 모여 있는 곳에
대낮에 밀알을 심고 촛불을 켤 때다
다시 대낮에 밀알을 심고 촛불을 켤 때다

— 손광은, 밀알 50주년 기념 헌시,
「이 땅에 밀알을 다시 심을 때다」

초당 형을 비롯 7명의 대학생으로 시작되었던 밀알회가 전한 메시지는 지금 사회에 커다란 족적을 남겼으며, 오늘날까지 메마른 인간의 가슴에 아름다운 결실을 맺기 위해 뿌리 내려서 영원한 생명의 길을 개척한 수고로움에 고개가 한없이 숙여진다.

한 알의 밀알이 땅에 떨어져 썩는 것처럼 우리에게 자신을 내어주고 베풀고 사랑하는 삶이었다. 대학 봉사서클로 시작해 1964년 밀알회를 조직하고, 1970년 밀알중앙회로 변신하더니 1982년 사단법인화 되면서 자연보호운동, 신용협동조합운동, 시민정신 고양화 교육운동을 펴면서 회원 수도 3만 5천 명으로 늘어나 최대의 사회단체로 성장하여 자랑스럽다. 끊임없는 도전과 창조의 무궁한 발전을 만나기로 했다.

바람이 불어도 어떠랴
햇살은 산자락 밭에 가득한데
저것 봐, 산에는 진달래꽃 불붙고
김매는 내 손이 왜 이리 무딘가
직박구리 숲 사이로 짝 찾아 날고
멀리서 장끼소리 들려오니

팔십 넘은 내 가슴이 왜 이러나
내 눈은 푸른 하늘로만 날고 있으니
그곳엔 고운 님 계시오리니
사랑이라 부르지 않아도 사랑인 것을

—「완두콩밭에 김을 매며」 전문

초당 시인의 시를 정독하고 꾸밈없는 마음의 눈으로 본 마음의 맑은 물소리, 출렁출렁 색깔 울림을 듣고 보고 삶의 의미를 깨닫게 되었다. 초당의 시 속에는 경이로운 삶의 체험 내용이 새롭게 상기 돋듯 감성 따라 깊게 펼쳐져서 독자들로 하여금 새로운 내면의 가치로 눈뜨게 하였다.

근자에 시의 난해성이 범람하고 진술, 서술로 이야기시가 시의 격을 떨어뜨린 실험을 볼 수 있다. 한편 보편성보다 특수성을 현학적으로 호도하는 연의 유희 속에서 헤매이도록 난해한 실험시가 횡행하지만 초당의 시는 어디까지나 보편적인 가치 속에서 전달을 방해받지 않는다. 보편적 정서의 소통이 짙게 배어 있는 감정과 느낌의 순결한 가락만이 오래 남고 애송되는 것을 확인한다. 자연스러운 시의 생명은 개성이고 보편성은 시의 육체이기 때문에 시의 다양한 서정의 펼침은 체험 내용을 상상 속에서 매력적인 꿈으로 펴게 만든다. 예사는 꾸밈없이 물 흐르듯 시상을 엮는 소박한 표현으로 서정적 정서가 흐르는 물같이 펴 보여주고 있다.

「완두콩밭에 김을 매며」를 몇 번 읽어보면 또 읽고 싶은 노래이다. 자연 친화적인 분위기 속에서 시인이 살고 있는 진솔한 자기성찰의 내용이 곧 참된 삶의 흔적이기 때문이다. 꿈을 갖고 사는 삶, 그것은 희망이다. 굴러가는 감동을 일깨워준 행복한 삶은 항상 두근두근거린다. 푸른 하늘로만 꿈을 펴고 사는 치열한 삶의 풍경이다.

아내를 빛내주는 벗바리인 남편은
집을 짓고 세파를 헤쳐가는 항해사
보약 같은 존재인 아내
자식에겐 빛나는 후광
자식은 세상을 빛낼 불을 품고
내일을 지키는 씨앗으로 태어났지요
남편 아내 자식의 삶 속에서 가장 범상한 것들이 있어
하늘과 땅과 사람이
한통속이 된 사랑의 꽃밭인데
남은 세월
귀와 눈을 닫지 않고
기쁨과 괴로움도 나누며
지혜로 세파를 헤쳐 갈 길동무이지요

—「가족」 전문

가슴속 깊은 곳에서 움트고 살아 있는 싱싱한 가족 성원의 마음을 진솔하게 말하듯 드러내 보인다. 아내와의 관계 양상을 남편은 세파를 헤쳐가는 항해사이며, 아내는 남편의 보약으로 설정하고 있다. 자식은 세상을 빛낼 불을 품은 씨앗으로 상상되면서 표현적 묘미는 풋

푯한 내포성을 울리고 크게 감동을 준다. 자기 성찰의 흔적을 길어 올리는 체험 내용이다.

부부는 하늘과 땅으로 비유되었고 가족은 사랑의 꽃밭이다. 귀와 눈 닫지 않고 기쁨과 괴로움도 나누며 소통으로 정을 나누고 가족은 길동무임을 끈끈하게 본질적 가치로 찾아내었다. 스스로 젖어든 상상력의 힘으로 형상화된 언어적 예술성이다.

좋은 시는 진실로부터 출발한다. 진실한 느낌이나 감동만이 시를 시 되게 하는 힘이기 때문이다. 정직한 마음, 참된 진실성에 독자들은 감화, 감동을 받는다. 시는 서술적인 지식의 세계가 아니고 감성의 세계를 지배하는 순수하고 새로운 감성찾기, 우주를 누비는 상상력의 새로운 마음 찾기이기 때문이다. 참되게 삶을 사는 가족관계의 끈끈한 가족의 숨소리에 내면 공간을 채우는 진실체(眞實体)를 이루게 되었다.

세상에는 길이 많지요
내가 가는 길은
길과 내가 분리될 수 없는
내 마음속의 길이랍니다
내 영혼이 영롱할 때
나의 길은 더욱 빛을 냅니다
나를 아는 것
여든 넘은 내 육신을 버겁게 이끌고
오늘도 쉬지 않고 걸어가는 나는
내 껍데기를 남김없이 벗고 나와
설산의 정상을 정복하는 것보다 더 고단한

한량없는 길을 나와 싸우며 나갈 때
인생의 책임을 수없이 물으며
명예욕도 물욕도 삼독의 탐심도 모두 내려놓은 채
내가 흔들리지 않고 올곧게 제정신으로 살 때
궁신지화(窮神知化)로 돌아갈 때
나의 삶의 끝 언저리 어느 곳에
그 희열의 꽃동산은 나를 맞으리니
그것은 나에게 감사와 축복 가득할 길이랍니다

—「나의 길」 전문

인생은 대낮에 내가 가는 길처럼 현실을 거부할 수 없는 길이다. 길은 현실이다. 자신의 내면을 성찰하며 들여다보는 드라마틱한 정감 어린 마음의 색깔들을 독자에게 보여준다. 평생 동안 버겁게 살아온 세월, 쉬지 않고 살아온 화자(話者)의 시에는 딜런 토마스가 말했듯 낭만적인 마음의 움직임에는 체험된 삶마다 진솔하게 풋풋하고 상큼하게 마음을 채워줄 수 있는 공간적 페이소스(애감)가 담겨 있다. 올곧게 살아온 그림자들이 휘감긴 감성의 강이다. 나의 삶 끝 언저리 산울림 소리같이 햇살 일렁임으로 희열의 꽃동산 새롭게 인식했다. 시인의 삶에 새롭게 눈뜨고 보니 감사와 축복이 눈에 띄었다.

그것은 불가마에서 나온 질그릇이거나
여인의 해산의 진통 뒤의 고요이다
흙을 빚는 도공이 혼을 집어넣는 긴 침묵—

달빛 아래 박꽃 찾은 박각시의 입맞춤도 영원으로 흐르고
여름 밤바다 야광충들의 현란한 빛의 축제도 아픔인데
나를 찾아가는 길은 너무나 깊은 아픔의 고요이다

—「아픔과 고요」 전문

시인이 마음속으로 깨닫고 마는 아픔과 고요는 인생의 길이다. 아픔과 고요 사이의 영광과 감격, 행복도 회한의 세월로 함축되어 흐르고 그 의미의 가치는 흙을 빚는 고동이 혼을 집어넣는 긴 침묵처럼 뜨거운 아픔으로 색깔 칠해가는 마음속 영혼을 구제하고 있다. 나를 찾는 성찰의 길은 차분히 가라앉고 관조를 느낌으로 불어넣고 있다. 한없이 깊은 진실을 만나면서 시인의 삶 주변에서 언어 미학의 몸짓에 필자는 감동하여 머물고 있었다.

「님에게 바쳐질 열매」는 라빈드라나트 타고르(Rabindranath Tagore, 1861~1941)의 「기탄잘리」를 읽는 것 같은 감흥을 주는 심오한 관념시이다. 열매는 죽어도 다시 움트는 생명의 씨앗이다. 한 알의 밀알로 봉사하고 사회에 들끓게 외치며 봉사한 열정과 정열로 헌신한 사회 개조의 사상가답게 지금도 신에게 바칠 것은 열매다. 사랑의 열매다. 성직자답게 간절한 기도의 시(詩)다. 고귀한 말씀이며 영혼의 소리, 무한한 우주의 열매가 되기를 빌고 있다.

신이 될 수 없는 시인은 신과 자연과 치밀한 조화로 발상되는 감정을 영성이며 시정신 속에 여과시켰다. 사색하면서 음미하고 겸허한 마음 자세로 신앙 속에서 숨

쉬고 삶의 의미를 찾고 있었다. 초당 시인은 마음과 눈이 가는 곳에서 삶의 영혼을 맛보며 인간성을 구제하고 우리들은 위안 받는다.

사랑을 뛰어넘는 영원의 힘이 있어 생명론의 신앙적 철학에서 신의 뜻을 펴 보이고 느껴지는 가치, 그 호소력에 내 마음은 출렁출렁 파도가 일어나고 있다. 신을 마음속에 감싸고 영혼을 치유한 진실된 감정은 소재마다 상상력에 유화되어 마음을 비우고 채우는 일은 참된 사랑이기 때문에 헌신적인 사랑에서 현실성을 확인할 수 있다.

사랑의 가치를 내포적인 의미의 다양성을 확인시킨 내면 철학의 가치로 인식했다. 사랑의 양면성의 가치는 감각적으로 대비시켜 언어의 결합 밀도는 힘차고 강하다. 서정의 향기와 아름다운 상상력은 독자의 마음속에 투영되어 순박하게 휘어잡을 것이다.

2

제2부는 역사기행이다. 민족의 영광과 시련과 비극이 간직된 곳을 몸소 체험한 물리적인 체험 내용이다. 언어적 체험의 명상과 삶의 체험 속에서 명상한 것들을 여과하여 굴곡 많았던 역사를 시로 표현했다. 내용이 무겁고 칙칙할 수밖에 없는 제재들이고 시가 좀 산만스럽게 길어져서 압운이 좀 덜 된 곳이 있는 것 흠이라면 흠이지만 화자가 40여 성상을 교육계에 몸 담으면서 젊은이에게 외쳐오던 것을 오늘을 살아가고 있는 역사의식이 점점 열어져가는 세대에게 윤리적 채찍을 휘두

르며 물음을 던지는 기록이기도 하다. 살고 있다는 것이 역사이다. 과거도 현재도 중요하지만 미래는 더욱 중요한 것이 역사이기 때문에 시인은 역사기행을 하고 있다. 신은 인간에게 아픔을 주셨다. 그러나 그 아픔을 통해 참 사람으로 성장할 수 있게 해 주셨다.

마르틴 하이데거(Martin Heidegger, 1889~1976)는 『숲길』 「예술작품의 근원」에서 "예술의 본질은 시 짓기다. 그러나 시 짓기의 본질은 진리의 수립이다. 우리는 여기서 수립함을 삼중적 의미에서—선사함으로써의 수립함, 터닦음으로써의 수립함, 그리고 시작함으로써의 수립함으로—이해한다. (…) 그러나 수립은 오직 보존 속에서만 현실적이다."라고 하였다. 시 짓기의 본질은 진리의 수립이라고 강조하고 있다. 진리는 진실과 통하며 진실은 아름다움이기도 하다. 시란 언어를 가지고 수립하는 건축이다. 초당은 박물관과 역사의 현장을 다니면서 선인(先人)들과 다소곳이 얘기하고 언어를 통해 역사의 의미를 토해내며 시라는 집을 세우고 있다. 하이데거는 『언어로의 도상에서』 「시에서의 언어」에서 "시 지음은 지나간 대상들을 필요로 하지 않는다. 왜냐하면 시는 가장 지고한 의미에서 역사적이기 때문이다"고 하였다. 초당은 역사기행을 통해 그러한 지고한 것들과 소통하고 싶었을 것이다. 하이데거는 그 책에서 "시는 모든 것 가운데 유일무일한 것이다"라고 하고 있다.

「식영정에서」, 「삼전도비 앞에서」, 「백산성 옛터에 올라」 외 여러 시편들에서 선인(先人)들을 만나 애정을 갖고 도란도란 얘기하듯 자연스럽게 운율을 펼치고 있다. 어느 곳은 마음이 아파 두 번씩이나 탐방한 곳도 있다고 했다. 그러한 만남과 관계의 정이 곧 시심이고 시의 운율로 태어난 것이다.

누가 죽은 자는 말이 없다 하였는가
여기 만인의총 앞에 서 보라
여기 누운 영령들은 죽어서도 휴식을 돌보지 않고
다시는 겨레의 아픔을 겪지 말라고
영혼은 요동벌판을 달리던 조상들의 길을 달리며
지금도 저 둥그런 무덤 속에서 눈을 부릅뜨고 이를 갈며
일어서라
하나로 되어라
빈탕이어서는 안된다
귀를 열고 하늘 소리 듣고
눈으론 멀리 보고 힘을 기르라
외치고 있는 소리

—「만인의총(萬人義塚) 앞에서」 2연

여기서 1~5행은 우리를 더욱 숙연케 해주는 호소력을 갖고 있고 그 이하는 죽은 자들의 하소연을 적멸(寂滅)만이 남아 있을 듯한 곳에서 조용히 청종(聽從)하고 있다. 이 시의 제재는 1597년 8월 16일 정유재란(丁酉再亂) 때 남원성이 함락되던 날의 처절하고 참담한 상황에서 장렬하게 산화(散華)한 시신들을 후일 수합하여 모신 곳인 만인의총(萬人義塚)이다. 작열하던 님들의 불꽃이 역사 위에 불붙는 날들을 꿈으로 품으며 그 앞에서 죽은 자들과 대화하며 날마다 새로워지고 윤리적,

도덕적으로 숭고해지지 않으면 낡은 테두리에서 벗어날 수 없을 것이라는 암시를 주며 오늘날 조국의 서글픈 사회 상황을 보면서 노래한 것이다. 한 민족에게 비극적, 역사적 삶이 펼쳐졌다고 하더라도 절실히 살아남아야 하는 의미를 깨달을 때, 잃은 것을 안에서 찾으며 한 민족의 역사적 결단과 깊은 관계를 맺는 절박한 물음에 지혜롭게 답을 이끌어내고 행동으로 실행할 때 지난날의 비극을 상쇄하고도 남을 것이다. 대혁신을 위해 안팎으로 내우외환(內憂外患)이 없도록 강해지기 위해서 쉬지 않고 끊임없이 자강불식(自强不息)을 해야 된다는 엄연한 사실도 잊지 않고 있다. 그렇다고 화자가 노래하는 언어를 국수주의의 낡은 범주에 속한 언어로 생각해서는 안 될 것이다. 오히려 외세에 의해 비극을 겪은 모든 민족에게도 영광의 역사를 맞이할 수 있다는 은유이다. 모든 역사는 자신들의 실패로부터 배우고 일어서 건설한 것이며 정신만이 삶의 참다운 의미이기 때문이다.

3

제3부에서는 서정시가 태반이다. 여기서 꼭 주의를 기울여 볼 것은 시인이 사라지는 것들과 자연에 대한 한없는 애정을 갖고 관계의 세계를 넘나들고 있는 점이다. 「경칩」, 「포도문양각청자항아리」, 「어름사니」 등 애정 어린 눈으로 보고 토해낸 정감 어린 시들이다. 「삼베 짜는 동복댁」은 화자가 전남 보성군 복내면 옥당리까지 가서 87세의 삼베 짜는 동복댁을 찾아뵙고 쓴

시이다. 삼은 향정신성물질 함유식물이란 이유로 정부에서 엄격한 허가를 받아 재배되는 섬유작물이다. 그 마을은 전국에서 몇 안 되는 삼베 짜는 마을이다. 베를 짜는 모습, 베틀 부속품들의 움직임들이 흥미롭게 표현되어 있다. 이러한 작업들이 오래도록 아름답게 지속되기를 바라는 염원도 담겨 있다. 또 한 편은 「우리 밀을 지키는 사람들」인데 이 시를 읽어 보자.

> 눈부신 부안 땅에 다시 개벽하는 순정(純正)한 우리 밀아
> 너는 유전자변형작물(GMO)이란 불명예도 없고
> 거대 기업의 터미네이터특허종자도 아닌
> 조상 대대로 수천 년을 가꾸어온 옹골진 씨앗
>
> —「우리 밀을 지키는 사람들」 5연

이라고 5연에서 노래하고 있다. 화자의 우리 토종 종자 사랑을 필자는 제2차 세계대전 때 종자를 약탈하려는 자와 지키려는 자가 있었다는 실증을 이야기하며 마무리하려 한다. 제2차 세계대전 때 히틀러가 소련으로 진격하는 독일군에게 레닌그라드(현재의 상트 페테르부르크)에 있는 니콜라이 이바노비치 바빌로프(Nikolai Ivanovich Vavilov, 1887~1943)가 수집해 놓은 30여만 종의 씨앗은 어떤 일이 있어도 독일로 가져 오라는 명령을 내렸다. 그러나 레닌그라드는 함락되지 않았고 소련과 레닌그라드 사람들은 그 씨앗들을 지켜냈다. 토종 종자를 그렇게 온 정성으로 지켜야 되는 까닭은 유전자원 씨앗이기 때문이다. 부안 사람들뿐만

아니라 우리 밀을 빚고을 인근과 다른 지역에서도 많이 재배하고 있다, 식량 안보 차원에서 우리 종자를 지키는 것이 절실한 상황이다. 시인이 바라는 것이 있다면 그러한 것이 하늘에 닿도록 꿈을 꿀 것이다. 이토록 사라져가는 것들에 대해서 깊은 애정을 갖고 다른 눈으로 보고 있다. 「경칩」, 「뻐꾸기의 번식법」은 자연재해와 인위적인 환경파괴로 올 위험에 경종을 울리는 생태계의 생생한 보존을 위한 애정이 넘치는 시라는 것도 밝혀둔다.

4

제4부에서 한 편만 살펴 보자. 화자는 2014년 10월 2일, 제17회 인천아시안게임 남자 남북한 축구 결승전 얘기를 노래하고 있다. 그 경기를 수많은 사람들이 시청했을 것이다. 그러나 초당처럼 관전한 사람이 얼마나 될까? 10연으로 되어 있는 긴 시이다.

그대들의 아버지의 아버지의 아버지들은
80~90년 전만 해도 경평축구대회를
서울과 평양을 오가며 열었었느니
개최지에선 그날은 크나큰 축제였었지

하나 되어 구만리 장천에도 날아오를 그 꿈을
언제나 붙들어 주고 길동무가 되어 줄
승패를 넘어 경기가 끝나면 서로를 보듬고 춤을 출 수 있다면

지축도 회오리바람 일듯 춤으로 화답하고
그대들의 동포애에 온 누리도 환호와 갈채로 화답하
리니

—「제17회 인천아시안게임」 일부

그 뒤의 연들도 우리를 감동으로 넘치게 하는 시의 묘미가 가득하다. 언어 체험의 명상과 삶의 체험을 통한 명상을 통일의 전초전을 그 그라운드에서 펼칠 수만 있다면 하고 노래하고 있다. 사랑은 어느 때나 빛 위에서 춤을 추기 때문이다. 이 밖에 「동행 3」은 한 청년이 탈북청소년 9명과 '사람의 집'에서 동고동락하며 살아가는 사람 냄새 물씬 나는 얘기들이다.

5

제5부는 수필 두 편이다. 화자는 제3부 「삼베 짜는 동복댁」에서 말했던 그 마을에서 젊은 날부터 삼을 사랑하고 삼에 미쳐 호를 마광(麻狂)이라 지은 사람 이야기, 초당이 꽃에 대한 책을 준비하고 있는데 그 책에 넣기 위해 사진을 꼭 촬영하려고 집 근처 수년간 비어 있던 남의 빈터에 심어 놓은 꽃을 주인이 꽃 피기 직전에 뽑아버린 이야기 같은 애처로운 삶의 냄새가 물씬 나는 얘기들로 채워져 있다.

초당 형에게 문운을 빌며 앞으로 나올 제4시집과 그가 그렇게 써 보고 싶었던 책 『내가 길러봤던 꽃들(가제)』을 기대해 본다.

문학세계대표작가선 805

만인의총 앞에서

강춘기 제3시집

인쇄 1판 1쇄　2017년 3월 20일
발행 1판 1쇄　2017년 3월 25일

지 은 이 : 강춘기
펴 낸 이 : 김천우
펴 낸 곳 : 도서출판 천우
등　　록 : 1992. 2. 15. 제1-1307호
주　　소 : 서울시 성동구 무학봉28길 6 금용빌딩 2F
전　　화 : 02)2298-7661
팩　　스 : 02)2298-7665
http://www.moonhaknet.com
E-mail : chunwo@hanmail.net

값 10,000원

ISBN 978-89-7954-666-8

이 도서의 국립중앙도서관 출판예정도서목록(CIP)은 서지정보유통지원시스템 홈페이지(http://seoji.nl.go.kr)와 국가자료공동목록시스템(http://www.nl.go.kr/kolisnet)에서 이용하실 수 있습니다. (CIP제어번호: CIP2017006514)